UN SAINT
Comme il le faut

+++

OU LA QUESTION SOCIALE SIMPLIFIÉE

PAR

Saint Antoine de Padoue

DIJON

IMPRIMERIE DE L'UNION TYPOGRAPHIQUE

1895

Association

DE

Saint Antoine de Padoue

Conditions à remplir

1· Inscrire son nom sur les listes de l'Association, en remettant 15 centimes sur les frais matériels de l'œuvre.

2· Prier devant l'autel de Saint Antoine et se transporter en esprit, en pèlerinage spirituel à Padoue devant ses reliques.

Avantages

1· Le nom de chaque associé est placé sur le tombeau du Saint.

2· Une participation à la messe qui se dit chaque jour pour les Associés à 10 heures sur le tombeau du Saint. Cette messe est à perpétuité.

3· De grandes et précieuses indulgences accordées par Léon XIII.

Correspondances

Les personnes qui obtiennent quelque faveur par l'intercession de Saint Antoine sont instamment priées de nous en informer. Leur fidèle récit pourra, sans nommer personne, être publié, afin de glorifier de plus en plus notre grand Saint.

Nota : S'adresser au concierge de la rue St-Philibert 40. pour les brefs, médailles et autres objets de piété que l'on tient à la disposition des personnes qui pourraient en désirer.

AVIS

Ex-Voto. — Les personnes désireuses d'offrir à saint Antoine un ex-voto autre qu'une offrande de pain, peuvent offrir un cœur, une plaque de marbre, un don soit en argent, soit en nature. — Le prix d'un cœur en argent est de 5 fr. ; celui d'un marbre est de 15 fr.

Lampes. — L'offrande est de 5 fr. pour un mois ; 2 fr. pour neuf jours ; et 0 fr. 25 pour un jour.

Cierges. — Le prix des cierges est de 0 . 15, 0 fr. 25, 0 fr. 50 et 1 fr.

Messes. — On peut toujours nous envoyer l'honoraire des messes que l'on désire faire célébrer à l'oratoire de saint Antoine, soit pour les vivants, soit pour les défunts.

Neuvaines. — Les recommandations et neuvaines sont faites le lendemain du jour où on reçoit les lettres, à moins qu'un autre jour soit spécialement désigné par la personne qui les demande.

Objets pieux. — *Brefs* ou *scapulaire* de saint Antoine, venant directement de Padoue et ayant touché la chasse du Saint : la pièce : 0 fr. 30. — *Médailles* du Saint, *en argent*, la pièce : 0 fr. 30 et 0 fr. 50. — *En cuivre*: la douzaine 0 fr. 40 c. et 0 fr. 60 c. — *Notice de saint Antoine* ou *Un saint comme il le faut* : 0 fr. 40.

UN SAINT COMME IL LE FAUT

OU

LA QUESTION SOCIALE SIMPLIFIÉE

PAR

Saint Antoine de Padoue

I

UN SAINT A LA MODE

Il y a quelques semaines deux personnes amies, très intelligentes l'une et l'autre et fort en vue, cheminaient dans une rue de notre ville de Dijon, non loin d'un gracieux sanctuaire érigé en l'honneur de St Antoine de Padoue.

L'une d'elles s'arrêtant, dit en souriant : « Allons, nous voici dotés d'une nouvelle dévotion ; encore un saint qu'on lance ! » Et l'autre de répondre : « Eh oui, St Antoine de Padoue est *à la mode*, est-il trop malséant d'en profiter ? » Puis, tous deux d'un ton légèrement sceptique conclurent que les pauvres ne font peut être pas trop mal d'escompter le crédit du saint qui préside à l'œuvre « du bon pain blanc. »

Nous avons entendu cette conversation, nous avons saisi le pli de la lèvre des deux bons amis, et c'est la cause de cette petite étude sur St Antoine de Padoue.

Oui sa dévotion est *à la mode*, c'est incontestable. L'Italie, le Portugal, l'Espagne, le Brésil, la Belgique honorent à l'envie l'illustre thaumaturge de Padoue. Dans ces différentes contrées son culte n'a pas connu de déclin.

Lisbonne, après lui avoir érigé un monument qui est l'orgueil de la cité, a gardé pour son saint enfant une tendresse aussi vive que naïve ; Padoue et Naples l'ont choisi pour leur patron ; toute la jeunesse studieuse et chrétienne le considère à la fois comme son protecteur et son modèle, dans maintes provinces. L'immense famille franciscaine répandue par tout l'univers, vénère et apprend au peuple à révérer en lui le moine idéal, l'ange de pureté, l'apôtre infatigable. Les papes, depuis Grégoire IX, qui de son vivant l'avait surnommé l'arche du testament, jusqu'à celui qui l'appelait du grand nom de « marteau des hérétiques, » jusqu'à Pie IX et Léon XIII qui se plaisent à répéter le cri des foules : « St Antoine est un grand semeur de miracles, » les papes, dis-je, ont toujours exalté et glorifié cet aimable saint. Mais depuis les orages du Calvinisme et de la grande Révolution qui suspendirent son culte en France en saccageant ses sanctuaires, même celui des grottes de Brive si célèbres et si aimées jadis des pélerins, nous avions négligé, sinon presque oublié St Antoine de Padoue.

Sans doute son nom était encore volontiers invoqué pour retrouver les objets perdus, mais la vénération pérenne, mais les vigoureux élans de piété, mais l'étude de sa vie et de ses vertus, mais la *mode* de son culte, et, si le mot est acceptable, l'engouement, hélas ! nous n'en avions plus du tout.

Or voici que tout à coup d'un bout du territoire à l'autre, le nom de St Antoine retentit, des statues lui sont élevées dans les centres et presque dans les moindres bourgs, et suivant la pensée de l'illustre évêque qui, en 1874, rétablit le pèlerinage de Brive, ce n'est plus seulement entre l'église et la sacristie qu'on se permet de chanter la gloire de St Antoine c'est au grand jour du bon Dieu. Les hommes qui avaient affirmé un *verbe mauvais* ne voulaient plus du Christ ni des Saints dans la vie sociale, comme si, arrivés au seuil de la vie publique nous devions jeter nos royales couronnes, rougir des prérogatives glorieuses que l'Incarnation nous a méritées et briser nos relations avec ceux qui ont fui au pays du paradis. Et voilà qu'inopinément, sans cause apparente, éclot, comme une rose de Noël, la dévotion à ce jeune et pauvre moine, mort saintement en 1232.

Que s'est-il donc passé pour motiver ce mouvement immense dont nous mesurons encore à peine l'intensité et la tenue ?

Il n'y a pas d'effet sans cause, et surtout, si l'on veut bien réfléchir à cette vérité élémentaire en religion, que toutes les poussées de dévotion ont leur origine dans une volonté et un influx du St Esprit qui dirige et influence les mouvements surnaturels de l'Eglise catholique en faveur des âmes ; comme la Providence naturelle dirige et influence les mouvements de la nature en faveur de la conservation et du mouvement de notre être, nous devons conclure que cette mode a une raison plus haute et que l'esprit qui souffle où il veut y est pour quelque chose.

Au surplus, il suffirait de redire l'humble genèse de ce grand mouvement.

Il est parti d'un modeste oratoire de Toulon pour s'étendre en un clin d'œil à toute la France.

Une jeune fille de Toulon, Mlle L. Boufier, avait eu la pensée de se consacrer à Dieu en un monastère de Carmélites ; obligée d'y renoncer pour soutenir ses parents, elle s'en dédommageait en employant ses moments libres à des œuvres de zèle. Une faveur obtenue par l'intermédiaire de St Antoine de Padoue éveilla dans son cœur la reconnaissance et l'idée d'ériger une statue au thaumaturge dans un coin de son arrière-boutique. Ce fut la source de grâces et de ressources considérables. Laissons-la d'ailleurs nous conter elle-même avec toute naïveté les débuts et les développements de *cette mode* du beau pain blanc, le gâteau de S. Antoine, comme l'appellent les pauvres et les orphelins !

Nous citons textuellement :

« Mon Révérend Père,

« Vous désirez savoir comment la dévotion à saint Antoine

de Padoue a pris naissance dans notre ville de Toulon. Elle
s'est développée, comme toutes les œuvres du bon Dieu,
sans bruit, sans fracas et dans l'obscurité. Il y a environ
quatre ans, je n'avais aucune connaissance de la dévotion à
saint Antoine de Padoue, si ce n'est que j'avais entendu,
vaguement, qu'il faisait, en le priant, retrouver les objets
perdus.

« Un matin, je ne pus ouvrir mon magasin; la serrure à
secret se trouvait cassée. J'envoie un ouvrier serrurier, qui
porte un grand paquet de clefs et travaille environ pendant
une heure; à bout de patience, il me dit : « Je vais cher-
« cher les outils nécessaires pour enfoncer la porte; il est
« impossible de l'ouvrir autrement. » Pendant son absence,
inspirée par le bon Dieu, je me dis : si tu promettais un peu
de pain à saint Antoine pour ses pauvres, peut être te ferait-
il ouvrir la porte sans la briser. Sur ce moment, l'ouvrier
revient, amenant un compagnon. Je leur dis : « Messieurs,
« accordez-moi, je vous prie, une satisfaction; je viens de
« promettre du pain à saint Antoine de Padoue pour ses
« pauvres, veuillez, au lieu d'enfoncer ma porte, essayer
« encore une fois de l'ouvrir, peut-être ce Saint viendra-t-il
« à notre secours. » Ils acceptent, et voilà que la première
clef qu'on introduit dans la serrure brisée, ouvre sans la
moindre résistance, et semble être la clef même de la porte.
Inutile de vous dépeindre la stupéfaction de tout ce monde;
elle fut générale. A partir de ce jour, toutes mes pieuses
amies prièrent avec moi le bon Saint, et la plus petite de
nos peines fut communiquée à saint Antoine de Padoue,
avec promesse de pain pour ses pauvres.

« Nous sommes dans l'admiration des grâces qu'il nous
obtient. Une de mes amies intimes, témoin de ces prodiges,
lui fit promesse instantanément d'un kilo de pain, tous les
jours de sa vie, s'il lui accordait pour un membre de sa
famille, la disparition d'un défaut qui la faisait gémir
depuis vingt-trois ans; la grâce fut bientôt accordée, et ce
défaut n'a plus reparu. En reconnaissance elle acheta une
petite statue de saint Antoine de Padoue dont elle me fit

présent, et nous l'installâmes dans une toute petite pièce obscure, où il faut une grande lampe pour y voir. C'est mon arrière-magasin. Eh bien ! le croiriez-vous, mon Révérend Père ? Toute la journée cette petite chambre obscure est remplie de monde qui prie, et avec quelle ferveur extraordinaire ? Non seulement tout le monde prie, mais on dirait que chacun est payé pour faire connaître et répandre cette dévotion.

« C'est le soldat, l'officier, le commandant de marine qui, partant pour un long voyage, viennent faire promesse à saint Antoine de 5 francs de pain par mois, s'il ne leur arrive aucun mal pendant tout le voyage. C'est une mère qui demande la guérison de son enfant, ou le succès d'un examen ; c'est une famille qui demande la conversion d'une âme chère qui va mourir, et qui ne veut pas recevoir le prêtre ; c'est une domestique sans place, ou une ouvrière demande du travail, et toutes ces demandes sont accompagnées d'une promesse de pain si elles sont exaucées.

« Ce qui surtout a donné le plus de développement à cette chère dévotion, c'est un article ironique que le journal impie de notre ville a inséré dans ses colonnes, cet article était à mon adresse et me dénonçait au public comme coupable d'entretenir la superstition dans notre ville... Je me suis réjouie en le lisant, et ce que j'avais prévu est arrivé ; d'un petit mal Dieu a tiré un grand bien. Il est si puissant et si bon ! »

Trois mois après, elle écrivait au rédacteur en chef des *Annales franciscaines* :

» Saint Antoine de Padoue nous comble de plus en plus de ses faveurs. Il semble prendre plaisir à être invoqué dans notre modeste oratoire, où affluent les pèlerins. Permettez-moi, pour exciter encore parmi les tertiaires la dévotion à cet aimable Saint, de vous raconter quelques-unes des manifestations de sa puissance.

« D'abord une conversion touchante. Un monsieur, presque aux portes du tombeau, refusait de se réconcilier avec Dieu. Sa fille, une âme d'élite, eut recours dans sa désolation à notre Bienheureux et lui promit, s'il convertissait son père, un bon de pain de 20 francs pour nos orphelins. La nuit suivante, le moribond se lève en sursaut, et d'une voix effrayée crie à l'infirmier : « Est-il là ? Est-il là ? » Le veilleur, comme inspiré d'en haut, lui répond : « Le prêtre ? « Oui, monsieur, il est là. » Il était minuit. On court chercher un prêtre, et le moribond se confesse avec de grands sentiments de repentir. Une heure après, il expirait !

« Ces jours derniers, on verse 35 francs pour obtenir qu'une maison à sept étages soit occupée : et à l'instant les demandeurs se présentent, et les étages se louent.

« Un autre propriétaire possédait, aux environs de Toulon, un domaine, estimé 35.000 francs, qu'il désirait vendre. Il multipliait les frais et démarches ; nul acquéreur ne se présentait. On lui parle de mon petit oratoire. Il y vient, s'agenouille aux pieds de saint Antoine, promet 50 francs de pain... Trois jours après, la propriété était vendue, dans des conditions aussi avantageuses qu'inattendues.

« Saint Antoine bénit ceux qui tiennent leurs promesses ; mais laissez-moi vous dire qu'il punit, quelquefois très rigoureusement, ceux qui négligent de les accomplir. En voici un exemple. Une dame de Toulon avait promis 100 kilos de pain pour obtenir une grâce spéciale en faveur d'une personne tendrement aimée. La grâce est accordée, et l'on accourt nous l'apprendre avec de grandes démonstrations de joie. Mais la dette de la reconnaissance n'est pas acquittée. Deux mois se passent. Nous craignions un châtiment. Tout à coup on vient nous annoncer que la personne tendrement aimée est morte presque subitement.

« Un livre tout entier ne suffirait pas à contenir les faits miraculeux qui se produisent ici chaque jour, grâce à l'intervention de notre saint thaumaturge. Arrêtons-nous. — Mais les aumônes ? — Vous avez raison. J'ajouterai un mot sur le chiffre des aumônes ; il a ici son éloquence. En 1892, le chiffre des aumônes ; a été de 5.743 francs : ce qui nous a permis de donner à nos vieillards et à nos orphelins 13.788 kilos de beau pain blanc ; car le pain ainsi procuré par le ciel et qui doit réjouir nos pauvres, peut-il être autre que du pain blanc ? L'année 1893 semble vouloir être encore plus féconde en ressources comme en prodiges. Rien que dans le mois de janvier, le chiffre des aumônes a atteint 1.072 francs, et nous avons donné dans le même mois 2.680 kilos de beau pain blanc.

« Ce qui fait ma joie dans cette œuvre, c'est le cachet d'humilité qui couvre les offrandes et embaume la correspondance. Les billets de banque du riche sont mêlés au billon du pauvre et de l'ouvrier ; car les donateurs cachent soigneusement leur nom, connu de Dieu seul.

« Ce qui fait la force de notre œuvre, c'est la prière ardente et spontanée. Trois fois par jour, nos mille vieillards et orphelins élèvent les bras en croix, remercient avec effusion le grand Saint qui veille sur eux, et le supplient de leur procurer encore du beau pain blanc.

« L'heureuse servante des pauvres,

« LOUISE BOUFFIER. »

Il n'y a qu'un Dieu qui puisse inventer un moyen si gracieux de faire la charité. N'est-ce pas charmant ?

Il n'y a qu'à prendre la plume et à écrire :

« Bon saint Antoine, si vous m'obtenez *telle* grâce, je vous promets *tant* de pain pour les pauvres. »

Ou bien :

— Bon saint Antoine, donnez-moi la santé.

— Grand saint Antoine, convertissez mon fils.

— Monsieur saint Antoine, accordez-moi la grâce de connaître ma vocation.

— Saint Antoine de Padoue, faites-moi trouver une place, etc., etc.

Toujours la demande se termine par la promesse : « Je vous promets, si vous m'obtenez cette faveur, de donner *tant de pain* pour vos pauvres. » Vous introduisez ensuite votre demande dans un tronc placé à côté de l'autel de saint Antoine. Et puis vous faites une bonne et fervente prière.

Quelques-uns *devancent* même l'échéance et disent, par exemple : « Bon saint Antoine, je vous envoie 10 francs pour le pain de vos pauvres, et si vous m'accordez telle grâce, *je vous en donnerai encore autant*, ou deux, ou trois fois plus. »

Le bon Saint accueille toutes ces demandes qui lui arrivent de tous côtés, et il les transmet aussitôt à l'Enfant Jésus.

Quand le cher Saint était sur la terre, l'Enfant Jésus venait en effet caresser son angélique serviteur et lire sur les yeux de son corps les pensées suaves de son âme ; le bon Saint, s'oubliant lui-même, lui transmettait d'un regard, avec ses sentiments d'adoration et d'amour, les demandes de tous les pauvres et de tous les malheureux· Il n'en coûte pas plus à l'Enfant Jésus d'accorder 100 000 faveurs qu'une seule ; au contraire : plus il donne, plus il est content et son ami saint Antoine aussi.

Étonnez-vous ensuite de voir les autels du grand Saint toujours entourés de solliciteurs apportant prières, demandes, cierges, fleurs et remerciements.

Depuis le vieux grognard de général jusqu'au mendiant qui couche sous les ponts, tout le monde, aujourd'hui, connaît saint Antoine.

A Paris, voyez ces 2000 pauvres malheureux réunis dans le basilique du Sacré-Cœur, à Montmartre ; 800 ont passé la nuit en adoration, presque tous font la Sainte Communion que leur distribue l'illustre cardinal, pasteur de l'Eglise de Paris ; c'est saint Antoine qui les a réunis et qui, tout à l'heure, leur offrira son pain.

Saint Antoine nourrit de nombreuses communautés sans ressources, des enfants qui se destinent au sacerdoce dans les alumnats et les noviciats, des hôpitaux, etc.

Donc, je ne suis pas éloigné de conclure, avec les deux personnages d'esprit dont nous rapportions le dire : les pauvres ne font peut être pas trop mal d'escompter l'influence du Saint *à la mode*.

. .

Mais les pauvres ne sont pas seuls appelés à user de cette
influence du bon S. Antoine, toujours et plus que jamais
semeur de miracles. Tous gagnent ici ; et ceux qui reçoivent et ceux qui donnent, peut être même plus ceux qui
donnent que ceux qui reçoivent. Il importe donc de jeter
quelque jour sur un second aspect de cette dévotion
« nouvelle » à savoir l'influence de S. Antoine de Padoue
dans la société.

II

SAINT ANTOINE ET LA CRISE SOCIALE

Ce ne sont pas, jusqu'ici, les programmes ni les discours
qui ont manqué à la solution de la question sociale. Que
de réformateurs, juste Ciel ! Que d'avocats remuants de
l'amélioration du sort des classes ouvrières !

Ceux-là, d'ailleurs, n'ont souvent donné ni une minute
de leur temps, ni un battement de leur cœur pour le soulagement des souffrances du prochain. Ils écrivent et ils péro-
rent : c'est bien assez.

Ne leur parlez pas de s'arrêter dans la rue devant la
misère hâve qui leur barre le passage, de s'enquérir des
besoins de la mère et des pleurs de l'enfant, de deviner la
détresse du famélique et de lui donner une parole d'encou-
ragement avec un petit secours, de visiter le pauvre à
domicile, de consoler les malades, d'être bon pour les
petits, pitoyable pour les malheureux : c'est bon pour les
gens de sacristie et les cœurs sensibles !

Mais raboter à coups de plumes des articles de journaux,
mâcher des discours plein la bouche, où l'on réclame
énergiquement la limitation de la journée de travail à
huit heures et la fixation du salaire minimum, où l'on
prend à partie, à tort et à travers, le patron et le capitaliste,
dont on a souvent soi-même toutes les avarices et tous les

égoïsmes, voilà ce qui s'appelle s'occuper de la question sociale et la résoudre péremptoirement !

Et qu'ont-ils fait depuis tous ces débats ? Quelle est la souffrance qu'ils ont calmée, la misère qu'ils ont soulagée ? Ont-ils donné un morceau de pain de plus à ceux qui avaient faim, ont-ils essuyé une seule larme, ont-ils amélioré une seule existence ?

En regard de ces impuissances, voilà le modeste frère franciscain qui se présente, et par une action aussi inattendue que peu proportionnée aux moyens employés, semble dire à la France : « De quel mal souffres-tu donc ? Tu t'agites comme un malade sur sa couche. Hélas ! rien n'est nouveau dans cette vallée de tristesse ! Pauvre pays ! déjà quand je vivais tu souffrais d'un mal semblable ; eh bien, je t'apporte moi encore, le remède au nom de notre Maître commun ; et cela par la petite œuvre du *pain de S. Antoine* qui s'imposera bientôt non seulement à la France mais au monde entier. »

.·.

Or ce mal de la France se résume en un mot : l'absence des espérances éternelles et par suite l'égoïsme partout, la division et les haines entre les classes, la lutte outrageusement féroce et le chaos à brève échéance.

.·.

Parce que, en effet, l'homme tel que nous le connaissons, chétif, misérable, avide de joies et d'honneurs, et ne trouvant pas satisfaction plénière même quand il semble comblé, avait appris à lever la tête et le cœur vers un Dieu bon et rémunérateur de tout labeur ; parce que envieux par nature et pour ainsi dire acculé à cette jalousie par l'injustice et les désordres apparents des situations sociales, la religion lui avait montré ce même Dieu daignant s'incarner dans la misère et embrasser ce qu'il y avait de plus dur et de plus injuste dans sa position ; parce que en regard de l'œil navré du malheureux, elle avait placé un jour de totale réparation ainsi que l'oasis devant l'arabe du désert, ou le port avec la vision de la famille qui tend les bras devant la barque ballottée sur une mer démontée...

Parce que en un mot, l'Eglise catholique avait infusé ses pensées saines et ses forces vivantes au cœur du croyant, les Français, tous les Français, — car tous étaient fidèles alors — vivaient tranquilles et disciplinés à l'ombre de leur clocher et sous la douce et ferme discipline de leurs traditions familiales.

Rêve irréalisable, le bonheur immédiat restait dans la région de l'idéal, mais du moins cet idéal pouvait être poursuivi par des désirs et des efforts, sûrs de leur but et de leur action.

Le ciel n'était pas sur terre, mais il était une réalité espérée et voulue; l'âme du peuple français vivait de cette idée et la terre semblait moins pénible à qui ne la touchait que pour monter plus haut.

Mais hélas! on a cru progresser en bornant notre horizon à des jouissances de quelques heures, et le royaume de France qu'on disait alors « le plus beau après celui du ciel » fut jugé si beau qu'il dût remplacer celui du ciel.

On couvrit donc notre sol de palais, de rails, de fils conduisant la lumière, la force ou la pensée, on fouilla, on transforma, on aggloméra ; on convia les arts, les savants, les cuisiniers, les ballérines, et la « vieille chanson » de la vieille grand'mère l'Eglise catholique ne fit plus entendre l'écho des rêves d'avenir éternel, étouffée qu'elle fut par le bruit des fêtes et l'étourdissante clameur des peuples agités comme l'eau à la marée montante.

Toutefois, les Français sont-ils heureux ou bien sont-ils seulement enfiévrés? A entendre les cris de révolte, les protestations et les revendications des déçus, les rauques menaces de ce terrible et grand enfant qui est *multitude*, auquel on a arraché ses espérances enchanteresses d'au-delà, pour lui promettre un breuvage qui l'enivrerait de suite, on peut juger que le progrès moderne armé de ses soldats, de ses écoles, de ses journaux, de ses téléphones et de ses wagons-lits, de ses inventions et de ses utopies, n'aboutit qu'au résultat d'un pauvre malheureux brûlé d'alcool à qui sa femme dit *intelligemment* en lui présentant le poison : « tiens, bois encore, car tu as soif. »

Eh oui, la France entière, le peuple comme la classe aisée ont soif de joie, de paix, de calme et d'espérance, de bonheur en un mot. Incapables de le leur donner, ce bonheur, vous les acculez à ce dilemme affreux : Ou bien la joie est une réalité, ou bien c'est un vain mot ; si elle existe sur terre, je la veux pour moi, dussé-je écraser celui qui me gêne, ou esclavager celui dont j'ai besoin. Tyran ou socialiste ! Tyran quand je serai le plus fort, socialiste quand il faudra partager. Si c'est un mythe pourquoi m'avez-vous trompé, et dans ma colère je me désespère et je brise. L'anarchiste dès lors est créé.

Voilà donc l'issue fatale : tyran, socialiste ou anarchiste.

. .

Aussi bien cette situation sociale était exactement celle du midi de la France et d'une portion de l'Italie à l'époque où vivait S. Antoine de Padoue. Les Manichéens avaient fait de nombreux prosélytes appuyés sur la monstrueuse erreur du fatalisme, ils avaient brisé le ressort de la volonté puisque la vertu était au moins illusoire, la liberté l'étant également. De là à la négation pratique des espérances éternelles, et comme contre coup à la recherche furieuse des jouissances immédiates et grossières *per fas et nefas* il n'y avait qu'un pas, ce pas fut vite franchi.

On vit alors des multitudes ameutées se grouper sous des chefs sinistres et parcourir les bourgs et les villes, pillant, blasphémant, portant la honte et la terreur dans les familles, détruisant le culte, terrorisant les populations et quand elles étaient devenues maîtresses, se heurtant les unes contre les autres, à travers leur butin et leurs rapines. Comme toujours en pareil cas les meneurs et les ambitieux étayèrent des succès insolents sur les passions déchaînées, et parmi les plus notables l'histoire enregistre le nom de Raymond de Toulouse qui fomentait les discordes et se plaisait à diviser pour régner.

.·.

Il convenait dès lors que Dieu suscitât une personnalité puissante armée spécialement pour la lutte contre une telle hérésie. Mais ramener à des espérances supérieures des âmes ravalées jusqu'aux plus ignobles tendances ; mais rétablir les idées d'équité dans des cerveaux révolutionnés et à travers des masses gorgées de rapines ; mais faire revivre d'une vie surnaturelle le jouisseur effréné, l'ambitieux repu, le blasé pour qui la nature était Dieu, quel problème à résoudre et quel homme y suffira ?

Cet homme il le fallait assez *grand de naissance* pour qu'il n'ignorât pas ces jouissances si enviées ; assez *austère* dans sa vie pour dédaigner ces biens ; assez *éclairé* pour illuminer tous les horizons ; assez *chaud* de cœur pour se dépenser au salut de ses frères ; assez *avant dans l'intimité* du Seigneur pour lui emprunter sa puissance et imposer sa loi en semant des miracles.

Or, tel fut très exactement S. Antoine de Padoue, et tel il conviendrait qu'il se montrât à nouveau au milieu de nous pour appliquer aux mêmes maux des remèdes semblables.

Certes on n'attend pas de nous le récit détaillé de cette vie, une des plus étonnantes des annales humaines ; nous ne pouvons ici, on le comprend de reste, qu'en esquisser les grandes lignes ; toutefois ce crayon suffira à faire saisir son action sur son temps et à pronostiquer son influence sur le nôtre.

.·.

S. Antoine naquit à Lisbonne en l'an de grâce 1195, dans la noble famille de Godefroy de Bouillon.

La mort glorieuse des premiers martyrs de l'Ordre Séraphique fut l'occasion dont Dieu se servit pour y attirer le jeune Ferdinand de Bouillon, qui prit le nom de Frère

Antoine. Il quitta les chanoines réguliers de Sainte-Croix pour revêtir l'habit des Frères-Mineurs, espérant trouver dans cette ordre la palme du martyr. Dieu en ayant disposé autrement, Antoine ne songea plus qu'à mener une vie obscure et cachée. Désireux de dérober aux yeux des hommes ses rares talents, il demanda comme une faveur d'être placé dans un couvent pour aider à la cuisine et au jardin. Il faisait ses délices de cette vie ignorée, de la solitude et de la prière, lorsque Dieu tira cette lumière de dessous le boisseau, pour la produire au grand jour. S. François le désigna pour enseigner à ses frères la théologie à Bologne, à Toulouse, à Montpellier, à Padoue. Plus tard, Antoine se livre au ministère de la prédication, et évangélise un grand nombre de villes, en France et en Italie : les églises ne peuvent contenir les auditeurs qui se pressent par milliers autour de sa chaire. C'est sur les places publiques, dans les plaines, sur le penchant des collines, au bord des fleuves que les populations accourent pour voir l'apôtre franciscain et pour entendre une parole à laquelle Dieu donne une puissance inouïe. Sa mission céleste est confirmée par d'éclatants prodiges.

Quels miracles citerons-nous ? Quand le laboureur sème son champ ou quand tombe la neige en décembre, songera-t-on à en ramasser tous les grains ou les flocons. Un auteur moderne grand admirateur de Renan écrivait naguère cette phrase : « Ouvrez la vie de S. Antoine de Padoue, c'est un fastidieux catalogue de prodiges, de guérisons, de résurrections. » Comment donc en nous tenant aux limites de cette brochure pourrions-nous faire, sinon citer, un peu épars, ici un trait, là un prodige, donnant pour ainsi dire la caractéristique de ce tempérament qui devait être pétri disons-nous de *détachement*, de *science lumineuse*, d'*amour divin*, et de *puissance thaumaturgique*. Jetons un coup d'œil sur ces divers aspects.

Saint Antoine grand seigneur et foulant aux pieds les

grandeurs. — Il est de noble race, certes, ce descendant du croisé Godefroy de Bouillon, plus noble que les nobles, plus grand que les héros et nommé par ses pairs roi de Jérusalem conquise par de superbes hauts faits.

Sa physionomie rayonne de grâce, de finesse et de distinction. Son portrait d'adolescent conservé à Lisbonne le représente comme le type de la beauté sympathique et supérieure. Les chroniqueurs du temps le dépeignent jeune page plein de vie et d'action, à l'œil noir, au teint brun, à la taille svelte bien que relativement peu élevée. La vie lui sourit et il conquiert d'emblée tous les succès, mais sa piété domine sur tous ces avantages Le tabernacle l'attire. Lorsque en contemplation à ses pieds dans le sanctuaire de N. D. Del Pilar, le démon, vient le troubler, astucieux et menaçant, l'adolescent trace simplement le signe de la croix sur le pavé de marbre et à l'instant sous la pression de ce doigt pur et délicat, la pierre s'amollit, la croix se dessine et la tentation s'enfuit. Cette croix miraculeuse est demeurée et on la vénère encore ; mais aussi Antoine de Bouillon en reste armé comme son ancêtre Godefroy et, il quitte sa famille, le monde et ses attraits en s'écriant : « connaître, aimer, imiter Jésus et Jésus crucifié, » voilà ma devise et ma croix d'honneur !

*
* *

S. Antoine lumineux de science. — Il est moine et moine *minimus*, mendiant, disciple du très pauvre François d'Assise : on l'emploie à nettoyer les cellules, où à éplucher des légumes ; il passe inaperçu pendant de longues années ; effacé et comme oublié dans la solitude, il vivra dénué de tout au point que pour l'empêcher lui et ses frères de mourir de faim, la Providence devra susciter et récompenser la charité d'une brave chrétienne lorsque portant des légumes au petit monastère sous une pluie torrentielle elle y parvint sans être mouillée. Or voici qu'un jour, très inopinément, frère Antoine est invité à prendre la parole. Sa voix vibre et son regard s'illumine. Grâce qui attire, feu qui embrase, puissance qui subjugue, toutes les forces de l'orateur sont à son service ; la connaissance du cœur humain le sert à merveille, les Pères et les Docteurs lui prêtent les accents et les arguments de leur mâle éloquence, les prophètes lui fournissent leurs riches couleurs et les évangiles leurs touchantes paraboles.

A ce moment Dominique venait de descendre dans la tombe et François d'Assise épuisé, languissant, ne parlait plus au peuple que par l'aspect de son visage transfiguré et le spectacle des stigmates imprimés sur sa chair. La France et l'Italie en ébullition allaient-elles donc manquer de l'homme providentiel apte à continuer la tâche des deux patriarches ? Non, inspiré d'en haut, S. François d'Assise envoie de sa main le billet suivant à Antoine :

« A mon très cher Frère Antoine, Fr. François : Salut en Jésus-Christ. Il me plaît que tu enseignes à nos frères la sainte théologie, de façon toutefois à ne pas laisser s'éteindre en toi et dans les autres, l'esprit d'oraison et de piété, selon qu'il est prescrit par la Règle et Dieu. »

Antoine part et jette à tous les échos sa voix puissante, les foules s'amassent autour de sa chaire ; il s'y rencontre dix mille, trente mille hommes, les fidèles se rapprochent de Dieu, les hérétiques se convertissent, on envahit les confessionnaux de ses disciples, on oublie pour le suivre les intérêts les plus élémentaires de la vie et quand certaines obligations impérieuses retiennent au foyer domestique, comme cette femme du Velay qui dut rester près de son mari mécontent, le miracle intervient pour appuyer la parole de l'apôtre ; cette pauvre femme tant privée s'avance vers le seuil qui regarde la direction où le saint prêche à deux milles de là ; attentive, elle prête l'oreille et elle entend distinctement la prédication.

Parfois la voix de l'apôtre est impuissante, mais alors il en appelle lui-même à cent autres prodiges. Par exemple, l'estrade où il était monté s'écroule, et il se relève du milieu des décombres sans une blessure, ainsi qu'il l'avait annoncé.

Certain jour à Rimini, un des principaux foyers du
fléau manichéen, il subit un échec, le premier et le plus
douloureux de sa carrière apostolique. Il avait beau déployer
tout son zèle, prêcher avec éloquence, convier les chefs
de la secte à des discussions courtoises ; malgré toutes ses
avances il ne rencontrait que la froideur du marbre, et ce
qui est pis encore, qu'un sourire méprisant.

Antoine désespérait des hommes, il ne désespéra pas de
Dieu. Toute une nuit il répandit son âme et son affliction
devant Celui qui a racheté le monde au prix de son sang. Le
matin quand il prit dans ses mains la Victime du salut, il
la supplia de ne pas permettre que le sacrifice de la croix
fût inutile pour tant de pécheurs plus ignorants que per-
vers, et de l'éclairer lui-même sur la conduite qu'il devait
tenir. En descendant de l'autel, sous le feu de l'amour qui
embrasait son cœur, dans les transports d'un zèle qui,
voyant périr les âmes, veut les sauver malgré elles, il se
sentit inspiré, pour trancher le différend entre la foi et l'hérésie, d'en appeler à la toute-puissance du Créateur. Il fit
signe à ce peuple de marins de le suivre sur la grève, le
conduisit à l'embouchure de la Marecchia, et là, se tournant
vers l'Adriatique, il cria à haute voix : « Poissons des
fleuves, poissons des mers, écoutez. C'est à vous que je vais
annoncer la parole de Dieu, puisque les hérétiques refusent
de l'entendre. »

A sa voix, les ondes frémirent ; les innombrables tribus
qui les peuplent, accoururent et se rangèrent en ordre de
bataille, les plus petits en avant, les plus gros en arriè-
re, tous la tête tournée vers celui qui les avait appelés.
« Mes frères les poissons, leur dit le thaumaturge, vous de-
vez à votre créateur une reconnaissance sans bornes. C'est
lui qui vous a assigné pour demeure ce noble élément et
ces immenses réservoirs, c'est lui qui vous ménage pour
refuge dans la tempête les profondeurs des eaux, vous donne des nageoires pour courir où il vous plaît, et vous
fournit la pâture de chaque jour. En vous créant, il vous a
commandé de croître et de multiplier, et vous a bénis.

« Lors du déluge universel, pendant que les autres animaux périssaient dans les flots, il vous a conservés. Il vous a fait l'honneur de vous choisir pour sauver le prophète **Jonas**, fournir le cens au Verbe incarné et lui servir de nourriture, avant comme après sa résurrection. Louez donc et bénissez le Seigneur, qui vous a favorisés entre tous les êtres de la création. »

Attentifs comme s'ils eussent été doués d'intelligence, les poissons témoignaient par leurs mouvements qu'il prenaient plaisir à entendre le Saint et qu'ils voulaient rendre au Très-Haut le muet tribut de leurs hommages. « Voyez, s'écria l'apôtre, en se tournant vers la foule ! Constatez vous-mêmes comment des créatures privées de raison écoutent la parole de Dieu avec plus de docilité que les hommes créés à sa ressemblance ! »

Au bruit de ce prodige, tous les habitants de la cité accoururent. Les Cathares eux-mêmes cédèrent à ce mouvement populaire et furent témoins de l'empire que l'apôtre exerçait sur toute l'étendue des mers. Ce spectacle les toucha, et tombant aux genoux du thaumaturge, ils le prièrent de les éclairer et de les instruire.

Le Guerchin a immortalisé la scène de Rimini, comme la fresque de Giotto celle où S. François d'Assise prêchait aux **oiseaux** dans la vallée de Spolete en les appelant « ses petits frères » et en les invitant à louer Dieu.

Mais il nous semble que Rimini dépasse Spolete de toute la hauteur que donne à la situation une lutte où la liberté est en jeu.

A Spolete les créatures du bon Dieu n'ont qu'à suivre le mouvement de leur création ; ici la vérité et l'erreur se disputent l'empire des consciences ; or, n'y-a-t-il pas une poignante émotion à voir sous l'action d'un saint la créature inanimée prendre parti pour le bien et la vertu ? Ce témoignage n'est-il pas d'une irréfragable éloquence et ne marque-t-il pas le plus mémorable des triomphes ? Ah ! je conçois le prodige constaté par S. Bonaventure chargé de

faire la translation du corps de notre Saint le dimanche de
Quasimodo 1263. Quand on ouvrit le tombeau, un parfum
céleste remplit l'église. Les chairs étaient en poussière,
mais la langue du Saint, qui avait si bien parlé, fut trouvée
fraîche et vermeille.

Une autre fois il voulait entraîner les pèlerins de Rome
vers les âpres montées de la pénitence et préluder à la
création de la confrérie des flagellants en les conduisant
processionnellement dans les rues, armés d'une discipline
de fer et chantant des cantiques. Pour cela il lui fallait se
faire entendre des étrangers de toute nationalité : Eh
bien! il renouvelle simplement le miracle de la Pentecôte, et
Grecs et Latins, Allemands, Slaves et Anglais, Français et
Italiens comprennent tous son langage.

Le saint qui était inondé de lumière et de délices au pied
du tabernacle, trouvait dans son cœur et sa foi des accents
incomparables pour défendre la présence réelle sous les sain-
tes Espèces, en face des Albigeois. A Bourges, par exemple,
il entra en discussion sur cet article de la foi avec un hérétique obstiné nommé Guyard. C'était le chef influent du
parti ; un instant il semblait ébranlé par la science et les lumières de l'apôtre. Mais il se ravise et croyant embarrasser
Antoine et sortir honorablement de la discussion par un
moyen plus habile que sincère : « Laissons-là le discours,
dit-il, venons-en au fait. Si vous me prouvez par un miracle
public, ostensible, que le Corps du Christ se trouve réelle-
ment dans l'Eucharistie, je jure que je renonce aussitôt à
mes doctrines pour me soumettre humblement à celle que
vous prêchez. »

Le thaumaturge, fort de la foi et de l'amour, répond qu'il
acceptera toutes les épreuves avec le secours de Dieu.

L'hérétique continue donc :

« J'ai une mule que je vais priver de nourriture pendant
trois jours ; puis je la mènerai sur la place publique, vous
viendrez de votre côté avec l'Hostie consacrée. Si la mule au
lieu de manger l'avoine que je lui présenterai, se prosterne
devant le Sacrement, je me déclarerai vaincu et je croirai. »

Antoine accepte la proposition. Il se refugie dans la prière ; prosterné aux pieds de son Seigneur et de son Maître, il le conjure de manifester sa puissance afin d'éclairer tant de pauvres âmes trompées par le démon.

On peut deviner l'émotion de la ville durant ces trois jours. Les hérétiques étaient présomptueux et railleurs ; les fidèles au contraire sentaient au fond de l'âme la sainte espérance, mais la faiblesse humaine aussi se faisait sentir. Ils craignaient et appelaient le moment suprême.

Au jour, à l'heure convenus, Guyard amène sa mule, une foule d'hérétiques l'entourent. Le saint de son côté achevait le saint Sacrifice dans une chapelle voisine ; la messe finie, Antoine s'avance portant en ses mains le Très Saint-Sacrement et récitant avec les pieux fidèles qui l'entourent des hymnes et autres prières. Les catholiques et les Albigeois sont en présence. Le saint se recueille, impose silence à la foule et se tournant vers la mule, il lui parle ainsi :

« Au nom de ton Créateur, que malgré mon indignité je porte véritablement dans mes mains, je t'ordonne de venir sur le champ avec humilité lui témoigner le respect que tu lui dois. Que l'hérésie comprenne ainsi à n'en plus douter que toute créature est soumise à son Créateur, rendu présent sur l'autel par la parole du prêtre. »

De son côté Guyard excite l'animal affamé, il lui présente l'avoine et l'appelle.

O Dieu caché dans l'Eucharistie, vous êtes le Créateur et le maître de toutes choses. Antoine avait raison, vous nous voilez votre puissance ; mais à cette heure, à la prière de votre saint, vous nous en donnez une preuve ravissante... La mule fuit son maître, méprise la nourriture dont elle a besoin et, docile à la voix du thaumaturge, elle se prosterne à deux genoux devant le Très Saint-Sacrement.

Les cris de joie des catholiques rendent grâces au ciel, les Albigeois sont stupéfaits et Guyard converti. A son tour il se prosterne devant Notre Seigneur, l'adore et se proclame catholique. Afin de perpétuer la mémoire de la faveur dont il fut l'objet, il fit élever une église au lieu du miracle appelé encore aujourd'hui : Saint Pierre-les-Guyard.

*
* *

Saint Antoine embrasé d'amour divin. — Un jour de fête de S. Antoine de Padoue la vénérable Jeanne Marie de la Croix était en oraison, or elle vit l'âme de ce bienheureux porté par les anges aux pieds du Christ. N. S. tout resplendissant ouvrait au large la plaie de son cœur et y attirait le Saint comme pour l'absorber en quelque sorte.

Telle est bien l'idée que nous devons nous faire de cet amant du Christ et la place qui convient à cet ardent. « Je veux, criait-il, un autel d'or pour y immoler mon cœur, et cet autel c'est le Christ. » Aussi bien qui ne se souvient de la vision de Châteauneuf popularisée par le pinceau des artistes...

Le seigneur de Châteauneuf, qui avait son castel dans les environs de Limoges, se plaisait à donner l'hospitalité à l'apôtre dans ses courses, et pour lui assurer la liberté de prier en repos, il lui avait assigné une chambre écartée. Dans l'obscurité de la nuit le seigneur aperçoit de ce côté une grande lumière. Étonné et saintement curieux, il s'approche tout près de la porte de S. Antoine, et à travers une fissure, il regarde ce qui se passe à l'intérieur. L'Enfant Jésus, radieux de beauté et de tendresse, reposait sur les bras du saint, ses regards et ses caresses disaient son amour pour Antoine, l'ami de son cœur. La figure du saint reflétait une joie indicible.

Le seigneur de Châteauneuf avait adoré en silence le divin Visiteur qui honorait sa maison et s'était retiré, mais Antoine connut par révélation que son hôte avait été témoin du prodige, et lui ordonna de garder le secret de l'apparition. Le seigneur promit d'obéir, toutefois il demanda au saint ce que Jésus lui avait révélé. Le serviteur de Dieu répondit :

« Jésus m'a fait connaître que votre maison fleurirait et jouirait d'une grande prospérité tant qu'elle serait fidèle au catholicisme ; mais qu'elle serait accablée de malheurs et s'éteindrait si elle devenait hérétique. »

Cette prophétie se vérifia au XVIᵉ siècle lorsque les descendants des seigneurs de Châteauneuf firent cause commune avec les Calvinistes.

N'est-ce pas que S. Antoine nous est montré dans cette circonstance fameuse comme le précurseur de la Vierge de Paray et un des promoteurs de la dévotion au Cœur de Jésus ? C'est pour cela sans doute que Dieu voulut que ce miracle fut opéré sur la terre de France, et la liturgie franciscaine n'exagère pas lorsqu'elle fait chanter à ses moines : « Antoine de Padoue fut une rose de charité. »

*
* *

Saint Antoine thaumaturge exceptionnel. — Ici nous avouons notre impuissance. Encore un coup quel miracle raconter dans une existence dont la trame presque toute entière est tissée de prodiges ? Un trait cependant résumera tout.

Frère Antoine venait de mourir le vendredi 13 juin 1231 à l'âge de 36 ans. Des troupes d'enfants parcouraient les rues de Padoue en criant : « Le saint est mort ! le saint est mort ! ». — L'abbé de Verceil son ami se trouvait seul dans sa cellule à 50 milles de là. Tout-à-coup la porte s'ouvre et il voit entrer Frère Antoine : « Je viens vous voir lui dit le saint, j'ai laissé ma monture à Padoue et je pars pour ma Patrie. » L'abbé ne comprit pas et comme il souffrait d'un violent mal de gorge, Antoine lui toucha le cou, la guérison fut immédiate et le saint disparut aussitôt à la grande surprise de l'abbé qui ne manqua pas de noter l'heure de l'apparition ; c'était celle où l'âme d'Antoine avait quitté son corps « sa monture » pour voler au paradis.

Eh bien, à partir de cette heure tous ceux qui touchaient à sa châsse dit la vieille chronique, étaient immédiatement délivrés de leurs maux.

Ce fut un tel concours et une profusion si prodigieuse de faits miraculeux que sous la pression de l'opinion, le pape

Grégoire IX dut nommer d'office deux commissions de savants pour contrôler ces faits extraordinaires. Le fameux Jean d'Abbeville, moine de Cluny et archevêque, présida l'une d'elles, et d'un commun accord tous demandèrent la canonisation de celui qu'ils nommaient *le thaumaturge de l'Eglise universelle*. Cette grâce fût octroyée un an après la mort du saint et chose inusitée, du vivant même de ses parents. Oh ! heureuse mère, qui put être témoin des fêtes et des ovations inoubliables qui accompagnèrent l'apothéose de son fils. Ils eurent bien raison ceux qui ne trouvèrent rien de mieux à graver sur sa tombe que ce mot significatif:

HIC JACET MATER SANCTI ANTONII

Cit-gît la mère de S. Antoine

*
* *

Voilà donc cet admirable saint Antoine, le chercheur des joies supérieures de l'autre vie, cet illuminé des clartés de la plus haute science, cet amant de Jésus crucifié et humilié, ce faiseur de miracles ! Le voilà qui avec l'autorité des dons providentiels répond aux besoins de son époque tourmentée, et, à lui seul, plus que toutes les forces réunies de Montfort ou de Louis VIII qu'on trahissait après les avoir flattés et des légats apostoliques qu'on assassinait après les avoir trompés, apaise les discordes, ramène à la tranquilité des contrées entières soulevées, en orientant les âmes vers la vertu ; fait tomber les armes des mains criminelles en éteignant les âpres jalousies, en un mot, pacifie en convertissant.

Par son détachement, ce grand du monde, étonne et force à conclure que tout n'est pas dans la richesse. Par sa divine science, il soulève un coin du rideau qui voile aux masses les beautés de la vérité ; par sa charité, il abat les barrières de la haine, par ses miracles il subjugue et force à conclure qu'il existe là haut des réalités et des espérances meilleures qu'il faut rechercher.

On raconte qu'à l'heure où pour accompagner la voix du Pontife entonnant le Te Deum, lors de la canonisation du Bienheureux, le carillon de toutes les églises de Spolete se faisait entendre, un phénomène surprenant fit tressaillir Lisbonne sa ville natale. D'elles-mêmes toutes les cloches se mirent en branle et sonnèrent à toute volée avec un merveilleux entrain.

Ce miracle est vraiment symbolique. Dieu fait résonner l'âme de St Antoine sous les touches de son action providentielle et du coup comme un écho vivant et profond, des centaines de mille hommes, des contrées entières vibrent à l'unisson de ses dédains pour des passions et des joies follement enviées, et de ses affections pour l'autre vie qu'ils avaient jusque là méconnue.

∴

Et maintenant puisque d'un côté nous avons constaté que notre époque souffrait des mêmes maux que la société du 13ᵉ siècle, puisque d'ailleurs l'image de S. Antoine semble émerger de nouveau comme par enchantement avec toute l'énergie de son ancienne autorité et de sa prodigieuse popularité, ne sommes-nous pas en droit de conclure que la Providence lui confère une fois de plus la mission speciale d'appliquer les mêmes remèdes à des maux identiques.

La France d'aujourd'hui, avons-nous dit, comme celle du temps de St Antoine, se débat sous une hérésie ondoyante et multiple comme celle du Manichéisme albigeois ; maintenant comme alors les méchants forment une ligue redoutable aux mille ramifications, aux mille sectes tapageuses, divisées de croyances et d'intérêts, mais marchant comme jadis sous le drapeau où étaient inscrits ces mots révélateurs : Licence et Révolte. Maintenant comme alors, le mot d'ordre vient d'un chef mystérieux et il est suivi. Jadis ce chef se cachait dans les montagnes de la Bulgarie, maintenant il dirige du fond d'une loge. Aujourd'hui les juifs dominent comme il en advint avec les Albigeois, les Vaudois, les Cathares, les Patarins, qui tous, *tous* sans exception, s'entendaient avec ces ennemis du nom chrétien pour réformer à leur profit les constitutions des peuples d'occident et détruire l'Eglise. Maintenant enfin comme alors le fossé se creuse de plus en plus, entre les repus et les affamés.

Dirigés et dirigeants se heurteront bientôt dans un choc effroyable, si les uns et les autres ne se décident pas à relever leurs regards au-dessus des biens passagers et à trouver une plate-forme solide pour s'entendre et s'embrasser.

Il ne faut pas croire en effet que nous éviterons la crise en n'osant pas la regarder en face. D'une part, sans doute les masses matérialisées par une civilisation absurde sont toutes prêtes et comme enrégimentées pour abuser de leurs forces; de l'autre apparemment, ceux qui détiennent fortune, puissance et bien-être, ne se laisseront pas facilement arracher ces biens auxquels ils tiennent immodérément. Hélas! dirigeants et dirigés ne font pas leur devoir intégral. Faudra-t-il donc croire que, n'écoutant pas davantage leur conscience que les avis de l'Eglise et de la Papauté, ils acculeront la société au cataclysme, comme les Manichéens qui préféraient le désordre aux sollicitations et aux remontrances des légats du St-Siège. Nous serions inclinés vers ce lugubre pronostic si la Providence ne multipliait ses interventions Jamais peut-être Dieu n'a fait davantage pour rappeler le monde au surnaturel. Paray et Montmartre mettant en relief les tendresses inénarrables du cœur du Christ, La Salette avec ses appels comme désespérés à la Pénitence, Lourdes avec ses miracles en coupe réglée, ne proclament-ils pas que le malaise qui pèse sur toutes les âmes ainsi qu'un nuage sombre à la veille de la débacle, doit être dissipé sous le souffle de l'esprit de Dieu ouvrant les horizons purs de l'avenir éternel devant les yeux des multitudes desillusionnées.

Mais ce qu'il importe ici, c'est de vulgariser pour ainsi dire ces hautes pensées. Il ne suffit pas, en effet, qu'une

découverte soit faite par un homme de génie. Il faut que
cette découverte pénètre dans la vie quotidienne par l'appli-
cation. De même les poussées de grâce et de vérité s'échap-
pant du cœur de Dieu et traversant les sanctuaires bénis
de Paray et de Lourdes, n'atteignent guère que les som-
mets, je veux dire les cœurs déjà quelque peu haut placés.
Qu'est-ce donc qui les fera pénétrer jusqu'au fond des
marécages où s'agitent les passions dans la fange ! Qu'est-ce
qui vulgarisera en France le surnaturel et ravivera la foi,
au point de neutraliser les appétits et les haines ?

Je ne sais qu'un moyen : ce moyen est adorable et
S. Antoine de Padoue en sera de nouveau le metteur en
œuvre.

* *

En effet, supposez un instant, par un effort d'imagi-
nation, qu'un étranger de marque s'avance sur une de nos
places publiques ; cet homme est simple, mais son regard se
baigne dans les profondeurs, son port est plein de douceur
et de dignité ; il est certainement pauvre, mais d'une
suprême distinction. Or, il s'écrie : « Riches et pauvres,
venez tous autour de moi, je veux vous rendre heureux,
et pour cela faire, j'entends que d'abord tous vos désirs
légitimes soient incontinent réalisés ! »

« Riche, que veux-tu ? la santé, la cessation d'un noir
souci, le succès pour tes fils, la solution d'un délicat procès,
je suis à tes ordres ; sois exaucé. Je puis remplir tes vœux
car le Très-Haut daigne m'écouter toujours. — Toutefois,
j'y mets une condition. Tu aimeras ton Dieu qui est le
mien ; tu aimeras aussi ton frère le pauvre, car moi-même,
je suis pauvre, et, chaque grâce reçue – entends le bien —
te coûtera un don spécial prélevé sur ton bien-être et versé
pour son soulagement. »

Le riche refusera-t-il ?

« Pauvre, que veux-tu, dira ensuite l'étranger au miséreux ! tu veux du pain et puis aussi toutes les bénédictions
réclamées par le riche ? Tu les obtiendras, mais à une con-

dition, c'est que tu seras reconnaissant envers ton frère le riche, car moi-même je suis de sa race. Quand par sa main je te ferai distribuer travail, justice et charité, au lieu de murmurer des paroles de défiance et de convoitise, ensemble vous marcherez la main dans la main, en louant le Christ Jésus qui est notre maître, et de par lequel je vous bénis moi-même. »

Le pauvre refusera-t-il ?

Supposez de plus que ce merveilleux étranger fasse le tour du pays de France, certes, toutes les classes de la société prises ainsi par leur côté faible — *funiculis humanis* — n'hésiteraient pas un instant. Jusqu'alors regardant en bas, ils étaient déçus tous et écœurés, mais ils s'élèveraient d'emblée dans un superbe sursum corda !

Deus charitas ! — Tel serait le cri de ralliement.

Deus — Vive Dieu puisqu'il a suscité ce bienfaiteur insigne qui nous écoute à l'envi, et obéit à nos sollicitations. *Deus* — Dieu ! nous ne songions plus à *Lui*, mais en vain avons-nous voulu le remplacer par notre génie, car nous étions malheureux. Maintenant nous le saluerons comme notre père et notre vrai sauveur. *Deus Charitas* ! Vive la paix, vive la fraternité, vive l'union normale et hiérarchique entre les classes sociales. *Deus Charitas*, Dieu charité a fait les petits et les grands, mais pour s'entr'aider, se soutenir et se compléter comme les rouages divers d'une machine ou les membres d'un corps, et point du tout pour se jalouser, se déchirer et s'exploiter. *Deus Charitas* !

Je le demande, la question sociale ne serait-elle point d'ores et déjà résolue ?

Eh bien, cet étranger, cet illuminé qui plane à des hauteurs si sereines, ce pauvre sublime à qui le ciel accorde tout, n'est-ce pas le bon S. Antoine, et son appel à l'heure présente ne s'impose-t-il pas sous la forme de l'œuvre du *Pain de S. Antoine* ? Non seulement sur toutes les places publiques, mais dans tous les carrefours, dans tous les centres, dans le moindre réduit comme dans le palais où l'angoisse s'abrite, on crie vers le saint populaire dont la robe de bure dit l'estime pour le détachement ; dont la pure et douce physionomie signale la noblesse et dont le front penché vers l'enfant Jésus proclame la puissance thaumaturgique puisée dans l'intimité de son Dieu.

III

FAVEURS ET CULTE DE SAINT ANTOINE

Peut-être faudrait-il s'arrêter là.

Mais il nous semble que nous n'aurions qu'ébauché cet étonnant portrait, si nous ne nous donnions la joie de prou- -ver par des faits l'influence de Saint Antoine en toutes choses, dans les situations les plus variées et souvent les plus critiques, et même dans les plus petits détails de la vie journalière.

Ce chapitre sera par là même fort peu méthodique, mais il trouvera sa compensation dans la confiance pratique qu'il inspirera, quelles que soient les situations particulières de chacun.

.·.

DES FORMES INGÉNIEUSES EMPLOYÉES DANS L'ŒUVRE DU BON PAIN BLANC

Tel que Dieu autrefois envoyait aux Hébreux dans le désert, la manne substantielle, à Elie le grand prophète, à Paul, ermite, et à Antoine, le patron de notre thaumaturge un pain miraculeux pour les nourrir dans le désert, tel St Antoine nous est donné comme le trésorier de la providence, son argentier royal, ainsi que Jacques Cœur l'était de Charles VII, argentier qui change en pain toutes les prières qui lui sont faites, toutes les grâces qu'il obtient de Dieu. « Dites que ces pierres se changent en pain ! » disait le tentateur au Fils de Dieu au désert !... Tentateurs de St Antoine, mais très autorisés par Dieu puisque nous tentons son penchant à la compassion et son amour pour le pauvre, nous lui disons à notre tour : « Faites que *ces prières* se changent en pain ! » et voici que St Antoine, fidèle au contrat qu'il a passé avec son solliciteur, exauce le riche, pour que ses chers miséreux reçoivent de lui le pain promis.

Sur l'autel où reposent, à Padoue, les précieuses reliques d'Antoine on lit depuis des siècles ces paroles : « Venite ad me omnes qui laborati et onerati estis, et ego reficiam vos ! » Mais aujourd'hui pour répondre à la *nouvelle invention* de notre céleste pourvoyeur, nous aimerions voir gravée dans sa chapelle la divine Parole : « Panem nostrum quotidianum da nobis hodie. » *Au pauvre*, donnez le pain matériel dont il a besoin pour soutenir sa vie, *au riche*, le pain de la consolation, de la force, de la paix qu'il implore de votre intercession, et *à tous* le pain de la grâce, et le désir du Pain céleste si nécessaire à nos âmes : de l'Eucharistie !

Quand nous disons « nouvelle invention » nous ne voulons cependant pas prétendre que nos pères ne savaient déjà point flatter l'amour d'Antoine pour les pauvres. Nous lisons en effet dans les archives d'une importante commune de l'Aveyron que « certains particuliers qui ont *singulière dévotion* à ce Saint apportent parfois à sa Chapelle quelques offrandes *pour les pauvres...* » Cette note remonte au commencement du XVIIe siècle.

Un chercheur a même retrouvé le texte des anciennes bénédictions du *blé de semence* employées il y a 500 ans en *invoquant Saint Antoine.*

A la suite de la bénédiction du blé de semence, on lit dans le bréviaire aptésien du XIV· siècle, une bénédiction plus curieuse encore, *BENEDICTIO AD PONDUS PUERI*, qui nous fait connaître un usage du temps.

Les familles qui voulaient attirer les bénédictions célestes sur un enfant et en même temps contribuer au soulagement des pauvres du bon Dieu, donnaient à un établissement de charité un poids de blé égal au poids même de l'enfant, qui était sensé faire la bonne œuvre et qui devait en tirer le profit spirituel.

Voici, du reste, la traduction de cette bénédiction :

Par l'intercession des mérites et des prières de notre très glorieux père saint Antoine, Seigneur Jésus-Christ, nous demandons humblement à votre miséricorde que vous vouliez bien garder de tout mal, peste, épidémie, mortalité et fièvre dangereuse, votre serviteur ici présent, qui en votre nom et en l'honneur de notre bienheureux père Antoine, met dans cette balance une quantité de *froment* égale au poids de son corps, pour le soulagement des pauvres infirmes qui gisent dans votre hôpital. Veuillez le conserver de longues années et permettre qu'il arrive jusqu'au soir de la vie, et, *par les mérites et suffrages du saint* que nous invoquons, daignez le faire parvenir jusqu'à votre saint et éternel héritage, le garder et le préserver de tous ses ennemis. Vous qui étant Dieu, vivez et régnez dans tous les siècles des siècles. *Amen.*

« Au XIV· siècle, fait observer *La Semaine d'Avignon* à qui nous empruntons ce texte, on n'avait pas imaginé le double tronc cadenassé, tronc des promesses conditionnelles et tronc des recettes effectives : nos pères y allaient plus rondement ; ils payaient d'avance, laissant à saint Antoine l'obligation de s'exécuter par après.

« Mais, pour solliciter la protection du saint thaumaturge et en obtenir des grâces de l'ordre temporel ou spirituel, ils donnaient aux pauvres une quantité déterminée de ce bon blé dont on fait le pain. Est-ce autre chose au fond que le pain de saint Antoine ?

« La détermination de cette quantité, d'après le poids même de la personne pour laquelle on invoque saint Antoine, est la seule chose à laquelle n'aient pas pensé encore les modernes rénovateurs de ce vieil usage. Peut-être bien qu'on y reviendra. Dans certain cas, les pauvres n'auraient rien à y perdre, tout au contraire, et puis il est toujours permis de faire pencher la balance du bon côté. »

COMMENT ON DEMANDE A SAINT ANTOINE

A l'heure présente les allures de cette dévotion se sont quelque peu modifiées. Déjà nous l'avons dit au début de cette brochure : avez-vous une grâce quelconque à demander au Ciel : la guérison d'une maladie, d'une infirmité ; la conversion d'une personne qui vous est chère ; le succès dans une entreprise, dans un examen ; des lumières pour choisir un état de vie, pour connaître votre vocation, le recouvrement d'un objet perdu etc., etc... ? Vous écrivez une jolie petite lettre à saint Antoine de l'Padoue, vous lui exposez en détail ou en raccourci l'objet de votre requête et vous lui promettez une offrande qui sera employée à acheter du pain pour les pauvres.

Si vous êtes illettré, si vous ne savez pas lui tourner un joli compliment, écrivez-lui ou faites lui écrire votre affaire avec une mauvaise plume, une encre détestable, des caractères échelonnés en tirailleurs, agrémentez le tout de plus de fautes d'orthographe que de mots, il vous lira quand même, il vous comprendra, et. . . . . il vous exaucera.

Votre lettre, appelez-la simple billet si vous voulez, terminée, vous la mettez à la boîte. Ne confondez pas ! Il s'agit d'une boîte qui n'a rien de commun avec celles des postes et télégraphes, c'est une sorte de poste restante que vous trouverez aux pieds de la statue de saint Antoine dans le sanctuaire où l'œuvre est établie.

Envoyez-la, par exemple à St Jean, au bon Pasteur ou à l'oratoire particulier de St Antoine, maison des Orphelins, rue Saint-Philibert, 10, à Dijon.

Ouvert à toute heure aux supplications des âmes qui viennent dans le secret déposer aux pieds du Saint le lourd fardeau de leurs peines, cet oratoire donne par une porte spéciale sur la rue St-Philibert.

Là, sur son autel, se trouve la statue du Père des pauvres, statue remarquable par son expression et son fini achevé. Sa physionomie respire avec un saint respect, le ravissement de l'amour, car il contemple l'Enfant de Bethleem qui repose dans ses bras, prêt à lui donner ses divines caresses.

Non loin de l'autel, voyez *les deux troncs* traditionnels mais sous une forme parlante peu ordinaire. Celui où l'on *dépose les demandes* est une *huche* antique, œuvre d'art, dont les sculptures, non moins que l'ancienne destination, rappelle aux demandeurs que leur prières doivent être *doublées* d'une promesse de *pain* pour le pauvre orphelin. A côté de cet ingénieux pétrin, voyez ce jeune enfant. Représentation du petit orphelin de Domois, le protégé de saint Antoine tient *une bourse dans laquelle se déposent les offrandes.* Et lorsqu'elles passent de sa main enfantine dans le solide tronc disposé à cet effet, une intelligente sonnerie avertit que la pièce est arrivée à destination. Est-ce saint Antoine qui, en souvenir de la sonnerie miraculeuse des cloches de Lisbonne à son entrée au ciel, leur donne ainsi un écho dans l'aumônière, la tire-lire de ses pauvres ? nous ne savons, mais nous n'avions encore ouï nulle part ce gracieux remerciement qu'il réserve aux visiteurs de son Oratoire rue St-Philibert.

Dans cette chapelle pieuse et recueillie, ils se succèdent plus ou moins nombreux suivant les heures et les jours ; après une fervente prière, ils déposent discrètement ; ou un billet *dans le pétrin,* ou des pièces de billon, d'argent ou même de l'or *dans la bourse* mystérieuse *du petit orphein.* Il a des yeux et ne voit point, une langue et ne parle point ; soyez tranquille : éternellement muet, il ne révèlera à personne ni votre nom, ni le chiffre de votre offrande.

* * *

Ils viennent quelquefois de bien loin, ces pèlerins de saint Antoine ! leurs habits de voyage, et leurs visages inconnus le prouvent. Les uns c'est pour apporter leur demande, les autres c'est pour payer leurs dettes envers lui.

« Saint Antoine n'est pas seulement le Saint de Padoue, c'est le Saint de *tout l'univers,* » disait dernièrement Léon XIII. Les citations nombreuses que nous allons faire vont prouver qu'en effet, il a l'oreille partout pour entendre les demandes de chacun, et qu'en toutes choses il est puissant pour exaucer.

En détachant de ci de là quelques faits de la série des innombrables faveurs relatées dans différents opuscules édités à son honneur, et en recueillant ce que nous avons déjà reçu nous-même, nous allons donner comme une petite *encyclopédie* des grâces tant spirituelles que temporelles journellement obtenues par l'intercession de notre Saint. Puisse cet étalage de bon et saint aloi attirer encore de nouveaux clients à notre bien aimé protecteur, et puisse la confiance dont ces lignes font foi, être contagieuse auprès de ceux qui les liront.

COMMENT IL DONNE

Voyons d'abord *sa manière de faire* envers ceux qui le prient. Un grand nombre de billets constatent la *promptitude* de St Antoine.

« Merci au grand saint Antoine. Pour ma part, je puis parler en maître. Une nuit j'éprouvais une telle douleur que je ne pouvais plus la supporter. Je me souviens alors des grâces obtenues par le saint. Je l'invoque, et promets la somme de 5 francs, et quelques minutes après ma douleur disparaissait. »

NICE. — J'avais promis 5 francs pour le pain de Saint Antoine afin d'obtenir avant le 27 août, une grâce importante. Ma demande avait été faite le jeudi 23, et le samedi 25 à 6 heures du matin, la faveur demandée était accordée. »

« On vient d'établir le pain de saint Antoine à D. Déjà depuis 24 heures, des grâces demandées ont été obtenues, on peut dire par *retour du courrier* ! Vive le bon Saint ! »

« Bon saint Antoine, c'est la première fois que je m'adresse à vous, et vous m'exaucez tout de suite.
« Eh bien ! maintenant, vous n'avez pas fini avec moi. Je vous envoie 20 francs. »

Quelquefois cependant St Antoine fait attendre sa réponse, mais ce n'est que pour se montrer plus généreux encore :

« Bon saint Antoine, mille fois merci. Vous m'avez fait attendre mais j'ai été exaucé *outre mesure*. »

Un grand nombre constatent qu'il donne en effet *à pleine mesure* :

« Merci, ô bon Saint, pour m'avoir exaucée au delà de mes espérances. Dès maintenant je vous voue une entière confiance. »

LES ANDELYS — Encore saint Antoine qui vient de faire un heureux ! Dans un pressant besoin j'ai eu recours à lui et il m'a secouru, mieux même que je ne l'avais espéré.

LYON. — Ayant reçu de saint Antoine la grâce demandée, je lui envoie mon offrande. C'est vraiment un honneur et un double bonheur de faire ainsi la charité, après l'avoir reçue. On dirait qu'il s'est organisé un *tournoi de générosité*, entre l'aimable *saint* et ses obligés !

Plus loin, nous voyons que notre Saint est vraiment un *récidiviste*, et qu'on peut toujours lui demander sans le lasser :

« Mon bon Saint, ci-joint les 10 francs que je vous dois pour la nouvelle grâce accordée. Certainement, vous me ruinerez. Merci mille et mille fois. »

« Grand Saint, chaque fois que je vous invoque, vous m'exaucez. Je suis obligé de m'arrêter : vous épuiseriez ma bourse. »

CE QU'IL DONNE

Abordons maintenant les faits eux-mêmes : dans l'ordre temporel comme dans l'ordre spirituel il est passé maître *exauceur*, qu'on nous pardonne ce terme !

Grâces temporelles

De tout temps Saint Antoine a été invoqué pour retrouver les objets perdus. Lorsqu'il était à Montpellier, un novice de son Couvent, tenté par le malin, pensa déserter la vie sainte qu'il avait voulu embrasser, et s'enfuit du Monastère. Toutefois, — était-ce pour emporter quelque souvenir d'Antoine ? on ne sait, — il lui avait dérobé d'importants manuscrits, et, c'est avec ce trésor en poche qu'il franchit les murs claustrals. Mais arrivé aux portes de la ville, une force invincible l'arrête, il ne peut plus faire un pas en avant. Touché par ce prodige, il rentre en lui-même, retourne au Monastère, et met aux pieds d'Antoine les manuscrits volés, ajoutant la promesse de vivre désormais en bon religieux.

Ce miracle est, croit-on, le fondement de la confiance des peuples à St Antoine pour les objets perdus. — D'autres pensent qu'ayant, dans sa vie d'Apôtre, rendu Jésus-Christ à beaucoup d'âmes qui l'avaient perdu, c'est à cause de cela qu'il est invoqué dans toutes les pertes que l'on fait.

A chacun de s'arrêter à telle ou telle interprétation ; pour nous, nous citons les faits. Tantôt, c'est de l'argent perdu, tantôt des objets retrouvés, grâce au bon Saint :

« Je vous envoie 100 francs pour une valeur importante perdue et retrouvée. — Anonyme. »

Ayant été satisfaite dans mes désirs, je me fais un bonheur de tenir ma promesse. En outre j'ajoute 10 francs promis : saint Antoine m'a fait retrouver ma *montre perdue dans la rue, et cela dès le lendemain.*

M. (Haute-Marne) « Saint Antoine de Padoue m'a exaucé. J'ai retrouvé ma bague dans un grenier, je vous envoie 5 francs en reconnaissance pour le Pain de Saint-Antoine. »

« Je cherchais depuis plusieurs semaines un papier important sans parvenir à retrouver cette pièce dont la disparition m'aurait mis dans le plus grand embarras.

Le récit des merveilleuses interventions de saint Antoine aurait dû me porter à recourir à lui après les premières recherches. Mais je me remettais à mes recherches, sans avoir recours aux moyens surnaturels.

Dimanche dernier, je me disposais à recommencer la même besogne : j'avais devant moi tous mes livres de compte. Avant de les ouvrir, j'eus l'idée de réciter un *Pater* en l'honneur de saint Antoine de Padoue, et de lui promettre dix francs pour l'œuvre établie en son honneur. Je recommençai mes investigations. Une minute s'était à peine écoulée que mes yeux se portèrent instinctivement sur le papier tant désiré. J'avais ouvert mon livre à cette même place je ne sais combien de fois, mais je n'avais jamais remarqué la présence de la pièce en question, ayant l'idée préconçue que cette pièce avait un autre format et devait se trouver ailleurs. »

« Un jeune homme montant un matin sur un navire, à l'embouchure de la Gironde, laisse tomber son porte-monnaie dans les flots. Il prie St Antoine de tout son cœur, et revient le soir au point du départ pour faire chercher l'objet perdu. « Peine inutile, disent les marins, la marée montante et descendante a balayé les sables mouvants ; rien n'y demeure en place. — Plongez toutefois, dit le voyageur. Pour le contenter le marin disparaît sous les eaux, et remontait quelques secondes après, tenant dans sa main l'objet réclamé à St Antoine. »

« J'avais égaré une fort belle montre en or, dans un endroit où j'avais tout lieu de croire qu'elle ne se retrouverait pas, le lieu étant très accidenté.

Après avoir promis une messe d'action de grâces pour les âmes les plus privilégiées de St Antoine et 5 francs pour ses pauvres, il a bien voulu me la faire retrouver intacte. »

SAINT-PIERRE (Martinique). — « Saint Antoine vient encore de me faire retrouver un papier important, après que je lui ai eu promis 10 francs et dit un *Pater* et un *Ave.* »

* *
*

On nous raconte que saint Antoine ne se contente pas toujours de faire retrouver les sommes volées, mais quelquefois il va jusqu'à faire trouver le voleur lui-même.

Il y a quelques mois une bicyclette était volée pendant la nuit chez un particulier demeurant à la campagne. Les gendarmes font leur enquête et en reviennent sans résultat : des camps-volants avaient été remarqués rôdant autour du château la veille ; sans nul doute là était le voleur, qui, à l'heure de l'enquête, devait, moyennant son engin, être à Carpentras ou à Quimper-Corentin !

Le propriétaire volé désespérait de la retrouver. On lui conseille au bout de six semaines de promettre une somme au Saint Antoine de la rue St-Philibert. Il lui écrit donc une lettre avec cette suscription hardie : « A Saint Antoine, au Ciel. », et il l'envoie à la maison des Orphelins.

Le service de la poste se fait, paraît-il fort bien entre l'Œuvre des pauvres enfants et le Paradis... car très peu de temps après, une descente de justice opérée à l'occasion d'un autre délit fit découvrir la bicyclette, à laquelle le voleur avait fait déjà subir de tels changements pour la rendre méconnaissable, que le propriétaire lui-même ne la reconnut qu'après un très minutieux examen chez le juge d'instruction.

La somme promise a été versée immédiatement par le veloceman reconnaissant.

* *

Ce ne sont pas seulement les objets que notre bon saint rend à leurs propriétaires, mais encore de l'argent perdu ou volé.

Dernièrement, un caissier fut volé de 17,000 francs et, dans son désespoir, il se considérait comme perdu, pensant qu'on l'accuserait d'avoir détourné la somme. — Il eut avec sa femme la pensée de porter une promesse généreuse de pain au tronc de saint Antoine. — Quel fut son étonnement de trouver le lendemain ses 17,000 francs étalés sur son bureau ! Il n'a jamais su qui les avait apportés.

Côte-d'Or. — Voici un fait qui s'est passé l'an dernier dans notre région :
Une mère de famille se rendait à Paris, emportant 80,000 fr. dans son sac. C'était la dot d'un fils, au mariage duquel elle allait assister. A la gare d'arrivée, elle prend un fiacre, se fait conduire à l'hôtel, et laisse par une distraction inouïe ses valeurs dans la voiture. A peine installée dans sa chambre, elle s'aperçoit de son oubli ; mais, ô désespoir ! elle n'a remarqué ni le numéro, ni la Compagnie du fiacre qui a emporté sa fortune ! Impossible donc de rien réclamer. Dans sa détresse, elle s'adresse à saint Antoine, et lui promet une belle statue dans l'église de sa paroisse... Une heure après, l'honnête cocher s'arrêtait à nouveau devant l'hôtel, pour rendre à sa propriétaire le trésor qui lui appartenait.
Inutile d'ajouter que la promesse a été tenue par cette personne, dans la mesure de sa reconnaissance pour une si grande faveur.

L'autre jour à Paris, un homme d'affaires perd une serviette à papiers contenant 100,000 fr. Elle lui avait été soustraite. La femme de ce monsieur s'adresse à saint Antoine et lui promet 5 000 francs pour es pauvres si la serviette est retrouvée.
Vingt-quatre heures plus tard, la serviette était rapportée à l'endroit même où elle avait été laissée. Les 100,000 francs y étaient.

D'autres fois ce sont des créances dont on désespérait :

Merci, mille fois merci, ô grand saint Antoine ! C'est un vrai miracle que vous avez fait aujourd'hui en me faisant toucher cette somme
que je croyais perdue. Je vous offre les 26 francs promis. Maintenant
rendez Dieu à mon âme ; je vous importunerai de mes prières jusqu'au
jour béni de ce second prodige.

Une pauvre femme de Savoie ne pouvait rentrer en possession d'une
somme de dix mille francs qui lui était due ; elle n'avait aucun titre :
elle fait une neuvaine à saint Antoine, lui promet du pain pour ses
pauvres, et les dix mille francs lui sont rendus. Un miracle semblable
et dans les mêmes conditions a eu lieu pour une personne de l'Ariège.

« J'ai sollicité de saint Antoine la faveur de trouver à emprunter une
somme dont j'avais un pressant besoin. Jugez de ma surprise, lorsque
j'ai reçu d'une façon inattendue, une somme supérieure à celle que
j'avais demandée. »

Grez-en-Bouère. — « Je vous envoie une petite aumône en reconnaissance. Saint Antoine m'a fait recouvrer, *à l'époque même que je lui
avais fixée*, une somme d'argent nécessaire pour effectuer plusieurs
paiements de commerce. »

Si des sommes d'argent, nous passons aux *individus*,
nous trouvons encore la main puissante de notre saint dans
des recherches d'autant plus anxieuses qu'elles sont plus
importantes et plus délicates :

Me trouvant dans la détresse j'ai fait prier dans votre sanctuaire, et
je dois vous dire que grâce à saint Antoine, on a retrouvé une jeune
fille qui avait quitté le toit paternel et dont l'âme était grandement
exposée.

Connaissez-vous quelque personne embarrassée pour trouver une position ? Faites-lui lire le mot suivant :

« Depuis un an je cherchais en vain une position ; j'ai prié saint
Antoine de m'en accorder une pendant le mois de septembre, il m'a
exaucée. Pour tenir ma promesse, j'envoie 10 francs pour le pain des
pauvres, et 10 francs pour le soulagement des *pauvres de l'autre monde*.

Et celui-ci :

Nantes. — « Une personne à laquelle saint Antoine a fait trouver de
l'ouvrage remercie saint Antoine. Une autre lui rend grâces pour un
objet retrouvé. »

Souvent même, il ne fait point acception de personnes, et
vous le verrez exaucer même les libres-penseurs !

« De passage à Poitiers, j'ai eu la curiosité d'aller entendre un prédicateur. Intrigué par les mérites de saint Antoine de Padoue, dont il
parlait, je promis de donner *cinq francs* à vos pauvres si je réussissais
dans une entreprise ; j'ai réussi et je suis ému et ébranlé.
Je vous envoie les *cinq francs* par la poste. Si je repasse dans votre
ville j'irai de nouveau entendre votre prédicateur.

Un libre-penseur.

D'autres fois ce sont des Œuvres qu'on lui recommande. A Saint Pétersbourg on demandait inutilement depuis 40 ans la facilité de fonder un orphelinat Catholique. Cette faveur ayant été demandée par l'œuvre du Pain de Saint Antoine, est subitement accordée.

Et ailleurs :

« Saint Antoine, merci ; je vous envoie les 5 francs pour les pauvres, que je vous avais promis si vous *sauviez une œuvre en détresse*. Vous m'avez exaucée d'une façon inespérée, merci. »

Ce sont des directeurs et directrices de pensionnat qui lui demandent un plus grand nombre d'élèves ;

L. . . — « J'ai une grande confiance en saint Antoine : c'est le protecteur de notre établissement, c'est lui qui nous envoie des élèves. Nous avons autour de nous cinq écoles laïques ; malgré cela notre nombre d'enfants se maintient : nous en avons cent quatre-vingts. »

« Offrande de la Supérieure et les Religieuses de Marie-Auxiliatrice pour *13 nouvelles élèves.* »

Ce n'est pas tout, il envoie aussi soit des postulantes dans les noviciats qui lui en demandent, soit, de l'ouvrage aux pauvres communautés :

NANTES. — Une communauté sans ouvrage a prié saint Antoine, et elle en a trouvé. Une autre communauté remercie saint Antoine de lui avoir envoyé une aumône par une personne inconnue.

De toutes les parties du monde un même concert de prières s'élève vers notre Saint. Voici à leur tour les Missionnaires qui réclament son secours :

Un ancien missionnaire d'Afrique vous prie de recommander au bon saint Antoine, le patron des choses perdues, une population nouvelle confiée à ses soins, pour lui faire retrouver la foi de ces pauvres gens.

Un missionnaire, dont la santé est délabrée, écrit du fond de la Chine au glorieux saint Antoine, pour lui demander de nouvelles forces afin de continuer ses travaux apostoliques.

*
* *

Voici maintenant la litanie des maux physiques... litanie si longue, si variée où chaque maladie donne sa note douloureuse dominée bientôt par la note d'action de grâces.

Ce sont d'abord des enfants que leurs mères ont recommandés à Saint Antoine :

VILLEVEYRAC (HÉRAULT). — « J'avais un enfant bien malade d'une fièvre tuberculeuse ; tout le mal était dans les poumons, le médecin n'avait plus aucun espoir. Je me suis adressé à saint Antoine, promettant du pain et une messe pour les âmes du purgatoire, et mon enfant est aussitôt entré en convalescence. Le médecin, étonné, dit que c'est un miracle. »

« Un pauvre petit infirme, par suite de pénibles crises ne pouvait plus ni parler, ni marcher, ni manger, il a fait une neuvaine à saint Antoine, et il a été guéri. »

« Bon Saint, mon enfant a bientôt quatre ans et il n'a jamais encore marché, et tous les médecins me disent qu'il sera infirme toute sa vie ; vous êtes si puissant, si bon, obtenez du bon Dieu qu'il marche. Je vous promets *quinze francs* de pain pour vos pauvres s'il marche dans huit jours. »

Le lendemain de la promesse, l'enfant se met à courir tout seul et va au-devant de son père, revenant de l'arsenal maritime : celui-ci n'en pouvait croire ses yeux ; il prend l'enfant dans ses bras, le couvre de baisers et de larmes, et courant vers sa mère, demande l'explication du prodige. « C'est le bon saint Antoine qui nous l'a guéri, et je lui ai promis quinze francs de pain pour les pauvres ! Oh ! cours vite les lui porter, dit le père, et remercions-le toute notre vie ! »

« Monsieur, ma petite cousine était malade, j'ai lu qu'en promettant le pain de Saint-Antoine je pourrais obtenir la guérison de ma cousine. J'ai promis tout ce qu'il y avait dans ma tirelire. Je vous l'apporte, parce que ma cousine est guérie. »

Laissons parler maintenant les malades eux-mêmes :

« Depuis longtemps je souffrais horriblement d'engourdissements dans les bras : *j'ai passé une statuette du bon Saint* sur mes bras, j'ai éprouvé un grand bien, et j'ai pu travailler le soir sans fatigue. »

J'avais mal aux yeux, j'ai prié ce bon saint et il m'a guérie.

CÔTE-D'OR — Suivant une promesse faite au bon saint Antoine, je viens vous prier de vouloir bien faire insérer la guérison d'une pauvre femme, mère de quatre enfants, qui était retenue au lit depuis plus de deux mois par une sciatique des plus mauvaises, qui ne lui laissait aucun repos et qui avait fini par lui retourner complètement le pied. Ses souffrances étaient affreuses, et le médecin ne voyait pas quand elles finiraient. C'est alors que je lui envoyai quelqu'un pour l'engager à faire une neuvaine à saint Antoine, grand semeur de miracles, et au quatrième ou cinquième jour de cette neuvaine cette pauvre femme, essayant de se lever, se trouva guérie. Depuis lors elle s'est remise à tous ses travaux accoutumés, du matin au soir et sans se trouver bien fatiguée. Gloire à saint Antoine ! Cette pauvre femme économise pour vous envoyer la somme qu'elle avait promise. »

Nous ne saurions continuer d'enrégistrer les actions de grâce si nombreuses pour des guérisons attribuées à notre Saint. Car ainsi que nous venons de le montrer, c'est de tous les côtés, et pour tous les genres de maux qu'il est invoqué. Et l'on ne s'étonne pas de sa puissance lorsqu'on sait que pendant sa vie si courte, Dieu lui avait même accordé le pouvoir de ressusciter les Morts.

Parmi plusieurs miracles de ce genre rapportés par les historiens, rappelons celui par lequel il *débuta* à Verceil.

Un matin, tandis qu'il prêchait, des sanglots et des cris

déchirants se firent entendre dans une des chapelles de la basilique. On venait d'y apporter le cercueil d'un jeune homme pour lequel on récitait l'office des morts. Les parents, la mère surtout du défunt, jetaient de tels cris que l'âme d'Antoine, à l'instar de celle de Jésus auprès de Lazare, en fut troublée de compassion. Il arrête son discours, se recueille, lève les yeux au Ciel et s'absorbe dans une ardente prière. Ensuite, s'adressant au mort, il lui ordonne au Nom de Jésus-Christ de sortir de sa bière. Aussitôt, à la voix du thaumaturge, le jeune homme se lève plein de santé, et est rendu à sa mère.

⁎⁎

Que de faits de visible protection nous pourrions citer encore ! Ici nous le voyons comme un autre Raphaël aplanir les obstacles qui s'opposent à des unions désirées et chrétiennes ; là il opère des réconciliations inespérées ; ailleurs il tend la main à des infortunés « dont l'honneur et les dernières ressources allaient sombrer. » Sur les navires on l'invoque dans les tempêtes ; les Bollandistes en donnent un exemple que nous ne pouvons nous dispenser de citer.

Vingt-six personnes naviguaient un jour sur l'Adriatique, quand une horrible tempête s'éleva tout à coup. Pendant qu'un vent violent soufflait et que la pluie tombait par torrents, il survint un brouillard tellement épais que les passagers pouvaient à peine s'entrevoir et désespéraient de pouvoir être sauvés.

Un prêtre qui se trouvait avec eux avait entendu les confessions, au milieu des cris de détresse qui se faisaient entendre à bord, quand ils songèrent à adresser à *saint Antoine* leurs déchirantes supplications en les accompagnant d'un vœu en l'honneur du Saint. Immédiatement la tempête s'apaisa autour du bâtiment, et la lumière se faisant également à bord, les fit aborder sains et saufs près de *l'église de Notre-Dame de Salut* en face de Venise ; là où l'on conserve une des plus précieuses reliques du saint.

Avez-vous des affaires difficiles, ne craignez pas de recourir à lui, écoutez plutôt ;

« J'envoie 20 francs, à saint Antoine de Padoue pour m'avoir tiré d'un mauvais pas. Je lui fais encore deux autres promesses pour qu'il m'aide encore à terminer deux affaires difficiles. »

Et encore :

« Saint Antoine ayant épargné le scandale d'un enterrement civil dans la paroisse de Mainhessy (Ardennes) une statue lui a été élevée et l'œuvre y produit les meilleurs fruits. »

Saint Antoine approuve-t-il cette sorte de fièvre qui pousse inconsidérément beaucoup de parents à exiger de leurs enfants un brevet ou un diplôme comme couronnement de leurs études? Nous ne le supposons pas ; mais par contre, combien d'écoliers et d'étudiants que les exigences actuelles forcent à passer ces *terribles* examens !

Aussi, notre Saint, dont les reliques reposent à Padoue, siège d'une Université si renommée autrefois, se fait le protecteur de la jeunesse studieuse. On écrit d'un pensionnat :

Une division est venue tout entière faire son pèlerinage à l'autel du saint, le matin même des examens, et, quelques jours plus tard, elle s'agenouillait tout entière pour remercier cette fois : *toutes* les élèves avaient été admises. »

MONTBRON (Charente). — « J'avais promis à saint Antoine de Padoue si mon fils passait avec succès ses examens, de vous envoyer les *honoraires de trois messes* pour la délivrance des chères âmes du purgatoire. Exaucé, je viens acquitter ma promesse. — M. V. »

Grâces spirituelles

Si puissant dans les choses temporelles, Saint Antoine pourrait-il ne point l'être dans les choses spirituelles.

D'abord, ce sont des conversions qu'on lui demande :

« Je vous demande de m'accorder deux conversions pour Noël. Je ne suis pas riche mais je vous envoie mon offrande pour le pain des pauvres: pensant que vous ne voudrez pas rester mon débiteur. »

« Depuis plus de 25 ans, nous dit une âme chrétienne, je priais, mais en vain, pour la conversion de ma sœur, mes supplications et mes larmes la laissaient insensible et voilà qu'un petit opuscule sur *saint Antoine de Padoue* me tombe sous la main; je promets instantanément du pain à cet aimable saint, et quelques jours après ma bien chère sœur m'annonçait qu'elle désirait revenir à Dieu, se confesser, et communier pour la belle fête du 15 août, ce qu'elle a fait avec une piété admirable. »

« Oh ! mon bon saint, je vous remercie de la grâce que vous m'avez accordée. Je désirais depuis longtemps que mon mari et mes fils s'approchassent de la sainte table. Je les y ai accompagnés le jour où je l'avais désiré, et je vous ai fait la petite offrande que je vous avais promise pour du pain pour vos pauvres. »

C'est un enfant chrétien qui lui écrit :

« Grand saint Antoine, vous avez toute ma confiance. Aussi, j'insiste pour que vous m'obteniez la grâce de faire mes études en une maison d'éducation chrétienne. Ailleurs, je le sens, mon salut est en danger. Ci-joint un mandat de 10 francs. »

Un enfant de 12 ans.

Après le *Panem quotidianum*, du pauvre, voici que d'autres ajoutent le *Ne nos inducas in tentationem* :

« J'envoie une offrande pour le pain des pauvres : 1° pour la réussite d'un nouvel emploi pour lequel je promets une petite offrande chaque mois ; 2° pour être délivré d'une tentation. »

Et le triomphe du pouvoir de notre Saint ne sera-t-il pas dans le fait suivant :

NANCY.— Il s'agit d'un ménage ouvrier. L'homme est chrétien, mais faible et se laisse entraîner facilement dans les cabarets pour boire de l'absinthe. Depuis qu'il porte le Bref de Saint-Antoine dans ses vêtements, il est revenu à ses bons sentiments d'autrefois. Il ne boit plus, rentre régulièrement à la maison et rapporte fidèlement sa paie de la quinzaine.

Aussi, les promesses d'aumônes pour obtenir les mêmes grâces, sont-elles fréquentes :

» Je promets encore 5 francs à ce grand saint Antoine, afin d'obtenir un changement dans la conduite d'une personne de ma famille qui donne de mauvais exemples à ses enfants, et aussi la grâce que mes enfants soient de bons chrétiens. »

« Nous lui promettons du pain pour qu'il accorde sa protection à un jeune soldat qui va partir, il lui a déjà obtenu une grande grâce. Je le prie qu'il nous le conserve bon et pieux ; tous les huit jours il s'approche de la Sainte Table à cette intention. »

Ailleurs ce sont de pieux désirs de perfection et de charité que nous avons à enregistrer :

« O bon St Antoine, je vous demande la paix de l'âme, la grâce de connaître et d'accomplir la volonté de Dieu, la persévérance dans la grâce et une bonne sainte mort ; la conversion de pêcheurs, et en particulier de ceux qui me sont chers, et la délivrance des pauvres âmes du Purgatoire! Je vous promets en retour, *cinq francs* de pain pour vos pauvres *tous les mois* et deux Messes pour mes parents défunts et les âmes les plus délaissées. »

On le voit, Saint-Antoine aime également recevoir l'aumône pour les *Pauvres de l'autre monde*, mille fois plus à plaindre encore que les pauvres de celui-ci :

« Vous trouverez ci-joint un mandat pour le pain de saint Antoine, et pour 9 messes.
» Je lui avais promis cette somme pour ses pauvres, et une *neuvaine de messes pour les âmes du Purgatoire*, s'il m'obtenait la solution d'une affaire temporelle. J'ai été exaucé au delà de mes désirs. Je m'empresse de m'acquitter de ma promesse.

« Je promets, en retour, de donner toutes mes économies pour le pain de vos pauvres et de faire plusieurs Chemins de Croix pour nos pauvres défunts. »

Mais il faut nous borner à cette énumération, trop courte au regard de tant de confiance d'une part et de faveurs de l'autre... et déjà trop longue vu notre cadre restreint. Nous allons dire maintenant comment *on remercie* St Antoine et comment *on l'honore.*

COMMENT ON LE REMERCIE

Nous l'avons dit : lorsqu'une faveur est accordée il faut remplir sa promesse sans retard. Voyons ici différentes manières de faire. Quelques clients de St Antoine ne pouvant faire différemment, le soldent en *deux* ou plusieurs fois :

La promesse de *trois cents francs* avait été faite à Saint Antoine pour une grâce demandée. Le vœu a été exaucé au delà de toute espérance, et on ajoute aux *cent cinquante francs* déjà donnés, l'autre moitié qui complète la somme. La même personne, afin d'obtenir une nouvelle faveur, s'engage à un nouveau don de pain de *deux cents francs.*

Je vous envoie en reconnaissance 1 franc pour vos pauvres. Je vous dois encore 5 francs, mais, comme je ne suis pas riche, je vous les enverrai en plusieurs fois. J'espère que vous ne m'en voudrez pas. »

D'autres donnent avant d'être exaucés :

Je vous envoie 6 francs pour votre pain, grand Saint Antoine, avec mes remerciements anticipés pour la grâce que vous allez sûrement m'obtenir. Merci, merci mille fois. »

« Depuis quinze jours j'invoque ce bon Saint pour lui demander une grâce et il me la fait bien attendre ; je ne me décourage pas quand même, parce que je suis sûre qu'il m'exaucera. J'envoie donc 10 francs promettant, s'il me vient en aide, de lui donner davantage.

On dirait que les suivants cherchent à *encourager* notre bon Saint en lui donnant des *arrhes* :

« Ci-inclus un bon de poste de 20 francs. Commencement de réalisation de la grâce demandée, aussi, je m'empresse de m'exécuter. »

« Le mois dernier, je sollicitais une grâce temporelle et j'envoyais en même temps 1 franc. Je renouvelle ma promesse et vous *enverrai tous les mois 1 franc, jusqu'à ce que* je sois exaucé, et 18 francs quand la grâce sera obtenue. »

Grand saint Antoine, merci du soulagement sensible procuré à ma femme et à mon enfant.
Ci-joint les 20 francs promis à la condition de la guérison complète. Je l'attends avec confiance. »

Il en est qui, dans leur joie, invitent tout le monde à essayer de la bonté de saint Antoine :

« L'abbé Oyer, curé de Réty, en témoignage de sa reconnaissance et pour augmenter la confiance des autres, remercie ici publiquement le grand saint, pour une grâce obtenue. »

ÉPINAL. — Remerciements à saint Antoine pour les grâces qui m'ont été accordées. Je les ai obtenues au bout d'une neuvaine en son honneur et j'invite toutes *les personnes qui désespéreraient de leur santé* d'avoir recours à lui.

Et que dire, pour terminer, de cette touchante offrande :

« Merci pour la grâce obtenue. Veuillez maintenant m'accorder une amélioration assez sensible de ma santé pour que je puisse faire mon ménage seule. Je vous enverrai, à cet effet, le *seul bijou qui me reste*. »

COMMENT ON L'HONORE

Un Saint si généreux pourrait-il ne pas inspirer tous les élans de la piété, et toutes les formes de Dévotion en son honneur? Aussi, elles sont multiples, et comme nous allons en citer quelques-unes, chacun pourra les choisir à son gré.

Dévotion des treize Mardis

Saint Antoine mourut un vendredi, mais il ne fut inhumé que le mardi 17 juin 1232. En ce jour, les prodiges furent plus nombreux, plus éclatants que jamais, et dès lors la reconnaissance et l'admiration des peuples consacrèrent spécialement le mardi à saint Antoine. »

« Ainsi, on choisissait de préférence le mardi pour aller prier au tombeau du Saint, car c'était une croyance générale à Padoue qu'on obtenait tout ce qu'on demandait en ce jour. Cette dévotion prit un accroissement surprenant en 1617. Une noble femme de Bologne réclamait avec instances une grande faveur par l'intercession de saint Antoine. Une nuit, elle vit en songe le bienheureux Antoine : « Visite, lui dit-il, pendant neuf mardis mon image dans l'église de Saint-François, et tu seras exaucée. » La pieuse femme s'empressa d'obéir à cette prescription et elle obtint ce qu'elle désirait si ardemment.

« Les Frères Mineurs divulguèrent aussitôt ce miracle et recommandèrent vivement la dévotion des *neuf mardis*. Cette pratique se répandit promptement dans toute l'Italie et dans beaucoup d'autres contrées du monde catholique.

« La dévotion des peuples ne s'en tint pas là. Insensiblement les fidèles portèrent à *treize* le nombre des mardis destinés à honorer le Saint, et cela en souvenir de sa bienheureuse mort arrivée le 13 du mois de juin. L'Eglise a sanctionné cette dévotion par son autorité suprême et l'a enrichie de nombreuses indulgences.

D'autres personnes attribuent les faveurs qu'elles obtiennent, à la récitation de 13 *Pater* en l'honneur du Saint. D'autres font célébrer 13 *messes*, ou encore font brûler une *lampe* pendant 13 *jours*... il y en a même qui ont la dévotion de 13 lampes devant sa statue. On le voit, ici le chiffre *treize* devient un chiffre béni, au lieu d'être l'objet d'une superstition.

Dévotions diverses

Nous venons de parler des lampes, cet emblème de la foi et du sacrifice. Les *cierges* aussi sont déposés en nombre incalculable dans nos sanctuaires privilégiés, et les dévots à saint Antoine se plaisent à en faire brûler devant sa statue. — Nous ne saurions oublier également les *fondations de messes* en son honneur faites par ceux qui veulent le glorifier à perpétuité. Cette belle pratique si fort en usage avant la Révolution, est de nouveau remise en honneur envers notre Saint.

Du reste la célébration de la sainte messe est un des moyens par lequel on touche le plus son cœur ; et nous avons ouï dire d'une personne de piété que saint Antoine ne lui faisait *jamais* retrouver les choses perdues, qu'après la promesse de faire célébrer une messe en son honneur. Souvent elle tardait à la lui promettre, mais elle finissait toujours par s'exécuter, car le Saint lui tenait rigueur jusqu'à ce qu'elle l'eut fait.

D'autres font des *triduum* de prières en son honneur. M. Dupont, le « saint homme de Tours » conseillait beaucoup les *neuvaines* à ce Saint ; et c'était lui, croyons-nous, qui avait composé les prières différentes à réciter chaque jour. Il désirait surtout qu'on fît cette neuvaine pour *retrouver les Grâces perdues*. « On ne peut pas savoir, disait-il, tout ce qu'un vrai sentiment de foi pourrait opérer dans la recherche des *Grâces perdues.* » Il était en ceci dans le même sentiment que St François de Sales, qui ripostait à quelqu'un : « Vraiment j'ai envie que nous fassions ensemble un vœu à saint Antoine, pour recouvrer ce que nous perdons chaque jour : vous la simplicité chrétienne, et moi, l'humilité dont je néglige la pratique. »

Les *Pèlerinages* aux sanctuaires de saint Antoine sont encore une des formes de la dévotion envers lui. Il en est qui font 13 visites à sa chapelle, d'autres qui se font les pèlerins de chaque mardi, et cela spécialement pendant le mois de juin qui lui est consacré.

Le Bref de St Antoine. — « Il y avait en Portugal, sous le roi Denis, une personne en butte aux vexations du démon. Il lui apparaissait souvent sous la figure de Jésus Crucifié et l'engageait à aller se jeter dans le Tage pour obtenir le bonheur du Ciel. La malheureuse trompée par les mensonges de Satan, se décida un jour à aller se noyer. Sur sa route elle trouva une chapelle franciscaine et y entra. S'étant prosternée devant l'autel de Saint-Antoine de Padoue elle supplia le Saint de l'aider à sauver son âme, puis, épouvantée par la perspective de la mort qu'elle allait se donner, et accablée de fatigue, elle s'endormit.

Pendant son sommeil, saint Antoine lui apparut, la détourna de son projet et lui remit un parchemin qu'elle devait toujours porter sur elle. A son réveil, elle trouva, suspendue à son cou, la feuille précieuse sur laquelle on lisait les quelques lignes appelées dans la suite *Bref ou Lettre de Saint Antoine.*

Elle éprouva aussitôt l'efficacité de ce remède céleste ; la tentation et l'obsession de Satan disparurent entièrement.

Le roi de Portugal, ayant eu connaissance du miracle, voulut voir le merveilleux écrit et se le fit apporter. Dès que la pauvre femme fut privée de ce précieux trésor elle retomba sous le pouvoir du démon. On lui procura une copie exacte du Bref miraculeux. Elle la reçut avec confiance et la porta jour et nuit. Dès ce moment elle recouvra la paix et fut entièrement délivrée de ses tentations, qui ne reparurent plus pendant les vingt années qu'elle passa encore sur la terre. Le roi conserva l'original avec les reliques de la couronne. » (*Le P. Jean de la Haye. Bollandistes. Act. S. S. Junii, T. III*). Dans la suite on a ajouté au bref les versets et l'Oraison de l'Office du saint.

Pendant sa vie saint Antoine chassait les démons en faisant le signe de la Croix ; souvent il avait éprouvé la vertu de ce signe il n'est donc pas étonnant qu'il l'ait donné, comme remède infaillible, contre les attaques de Satan. La puissance de la Croix est toujours la même. De nos jours encore l'enfer redoute le Bref de saint Antoine. Beaucoup de chrétiens sont délivrés des tentations, obtiennent de nombreuses grâces et de précieux secours spirituels dans les peines, les épreuves et les maladies en portant et en récitant ce bref miraculeux.

Le Bref se porte au cou comme les médailles. On peut attacher le Bref imprimé sur toile à un scapulaire ou dans les vêtements. Il est bon de ne jamais le quitter.

Le Pape Sixte V a fait graver le Bref sur la base de l'Obélisque de Saint-Pierre. »

Le Bref, ou lettre de Saint Antoine, est cette invocation composée par lui, lorsqu'aux prises avec l'ange des ténèbres dans les grottes de Brive, la Sainte Vierge lui apparut tenant son divin Fils en ses bras, et fit enfuir l'esprit infernal.

Cette invocation, que nous donnons au chapitre des *Prières*, a été enrichie par le Pape Léon XIII, de 100 jours d'indulgences, une fois le jour, applicable aux défunts.

QUELQUES PRIÈRES A SAINT ANTOINE

RÉPONS MIRACULEUX : *Si quæris*

Prière très efficace, composée par Saint Bonaventure et enrichie d'indulgences partielles, et d'une indulgence plénière pour la récitation quotidienne pendant un mois, aux conditions ordinaires.

Si vous voulez des merveilles : la mort, l'erreur, les calamités, le démon, la lèpre fuient et disparaissent : les malades se lèvent en parfaite santé !

La mer se montre soumise, les chaînes laissent aller leurs captifs, les membres sont rendus à ceux qui en avaient perdu l'usage ; le jeune homme et le vieillard réclament sa bonté, et recouvrent par sa faveur les objets qu'ils ont perdus.

Les dangers cessent, les nécessités n'existent plus : que ceux qui ont éprouvé ses bienfaits les racontent : que les habitants de Padoue les redisent.

La mer se montre, etc.

Gloire soit au Père, au Fils et au Saint-Esprit.

La mer se montre, etc.

v. Saint Antoine, priez pour nous,

R. Afin que nous soyons rendus dignes des promesses de Jésus-Christ.

PRIONS

Faites, Seigneur, par l'intercession de saint Antoine, que les enfants de votre Eglise soient favorablement secourus dans tous leurs besoins spirituels, et qu'ils puissent enfin obtenir la félicité éternelle. Par Notre Seigneur Jésus Christ. Ainsi soit-il.

ANTIENNE : *O lingua benedicta*

Composée par Saint Bonaventure, en l'honneur de la langue miraculeusement conservée de Saint Antoine

O langue bienheureuse et sainte, qui avez toujours béni le Seigneur, et qui avez tant de fois porté les autres à le bénir, la rare merveille par laquelle vous avez été préservée de la corruption du tombeau, montre clairement combien grand a été votre mérite auprès de Dieu.

v. Priez pour nous bienheureux Antoine,

R. Afin que nous devenions dignes des promesses de Jésus-Christ.

PRIONS

Nous vous en supplions, ô Dieu tout puissant, vous qui seul opérez des prodiges et des merveilles, comme vous avez préservé de la corruption du tombeau la langue du bienheureux Antoine, votre confesseur, accordez-nous par ses mérites et l'imitation de ses exemples, de pouvoir vous bénir et vous louer à jamais. Par Jésus-Christ Notre Seigneur. Ainsi soit-il.

BREF OU LETTRE DE SAINT ANTOINE

Prière enrichie de 100 j. d'indulgences une fois le jour.

Voici la Croix du Seigneur,
Fuyez, ennemis de notre Salut ;
Le lion de la Tribu de Juda
Le rejeton de David a vaincu
   Alleluia ! Alleluia !

v. Saint Antoine qui chassez les démons, priez pour nous,

R. Afin que nous devenions dignes des promesses de Jésus-Christ.

ORAISON

O mon Dieu, que la puissante intercession du bienheureux Antoine, votre confesseur, réjouisse votre Eglise, en lui obtenant toujours de nouvelles faveurs spirituelles et la jouissance des joies éternelles. Par Jésus-Christ Notre Seigneur. Ainsi soit-il.
Des embûches du démon, saint Antoine, délivrez-nous.

PRIÈRE DE SAINT ANTOINE A LA TRÈS SAINTE VIERGE

Récitée fréquemment par le Saint et recommandée par lui comme très efficace pour conserver la Pureté.

I. O Marie, Vierge avant le divin enfantement, gardez mon corps et mon âme.
II. O Marie, Vierge dans le divin enfantement, gardez mon corps et mon âme.
III. O Marie, Vierge après le divin enfantement, gardez mon corps et mon âme.

Ave Maria.

POUR RETROUVER LES CHOSES PERDUES

Grand saint Antoine, apôtre plein de bonté, qui avez reçu de Dieu le pouvoir spécial de faire retrouver les choses perdues, secourez-moi en ce moment, afin que, par votre assistance, je retrouve l'objet que je cherche. Obtenez-moi aussi une foi agissante une parfaite docilité aux inspirations de la grâce, le dégoût des vains plaisirs du monde et un désir ardent des joies ineffables de la bienheureuse éternité. Ainsi soit-il.

Pater. . Ave... Gloria..., ou encore le répons *Si quæris...*

UNION TYPOGRAPHIQUE. - Dijon

Oratoire de la rue Saint-Philibert

Le 24 janvier 1895, M. l'Archiprêtre de la Cathédrale de Dijon bénissait la chapelle de saint Antoine de Padoue rue saint Philibert, 40, dans la maison succursale des orphelins de Domois, à Dijon.

C'est là, qu'avec l'agrément de Mgr l'Évêque, est établie l'œuvre du *Pain de Saint-Antoine*.

Oratoire pieux où le jour est tamisé par de jolis vitraux, don d'un prêtre du diocèse, il est du style qui se remarque dans les principales pièces de ces vastes bâtiments.

Un plafond antique avec des poutres sculptées, et des médaillons ornés de têtes moyen âge attire d'abord l'attention du visiteur, car il a été pieusement restauré dans le goût du temps.

Les murs portent ses initiales jetées à profusion, comme si elles étaient la première lettre de toutes les prières qui seront confiées à cette discrète enceinte. L'autel qui supporte sa statue est en chêne, d'un style sévère, qui fait ressortir davantage la physionomie éclairée et souriante du Thaumaturge en l'honneur duquel on y offre le divin Sacrifice.

Nous ne dirons rien des deux troncs fort originaux, disposés pour les demandes à St Antoine, et pour les offrandes, la description en étant faite à la fin de cette notice.

On pénètre dans la chapelle par un vestibule d'un très facile accès, puisque la porte s'ouvre sur la rue. Dans ce vestibule, une belle statue de *Saint-Philibert*, du XVe siècle, genre vieil argent, attire le regard du connaisseur. Il n'existe, croyons-nous, aucune autre statue de ce Saint à Dijon, et, placé dans ce vestibule, il semble être l'introducteur des visiteurs de saint Antoine. — Le culte de saint Philibert est très ancien en Bourgogne, puisqu'il remonte à l'époque où un évêque de Langres et Dijon, apporta ses reliques à Tournus, en 875. Ce culte s'y propagea merveilleusement au XIe siècle par l'érection sous son vocable d'une paroisse et d'une église : celle que l'on voit encore place Saint-Bénigne. De plus les Dijonnais donnèrent son nom à la rue voisine, — celle-là même où est situé l'oratoire de saint Antoine — et à une des quatre tours qui fortifiaient la porte Guillaume.

Depuis les tristes jours de la Révolution où son église a été fermée, Saint Philibert n'avait plus de lieu autorisé pour son culte. C'est donc une excellente pensée que d'inviter de nouveau les Bourguignons à prier un saint que leurs pères ont tant aimé... Où sa statue pouvait-elle être mieux placée que dans la rue qui porte son nom ! Il y est *chez lui* plus qu'ailleurs ; et d'autant plus que les moines de l'abbaye *Saint-Philibert*, avaient, dès le 7me siècle, envoyé des prédicateurs *dans les campagnes* pour en évangéliser les habitants. Ne fait-on pas à Domois une sorte d'œuvre similaire puisqu'on y forme des essaims de jeunes *laboureurs chrétiens*.

Au fond de la chapelle une sorte d'arcade antique, abrite le tableau de la *Sainte Face*. Cette dévotion est assez connue pour nous dispenser d'en faire l'historique : rappelons seulement que M. Dupont (le saint homme de Tours) qui a si bien mis en honneur le culte de la Sainte-Face, excitait aussi extraordinairement les âmes à la dévotion envers saint Antoine. On peut faire brûler des lampes devant la Sainte-Image moyennant 0 fr. 25 par jour.

En face de l'autel est placée une statue de l'*Enfant-Jésus*, copie de la statue miraculeuse que l'on vénère à Prague, et dont le culte prend de nos jours une grande extension. Sa place est toute indiquée dans l'oratoire d'un saint que l'Enfant de Bethléem a comblé de si grandes faveurs !

Enfin, avant de sortir de la chapelle saluez ce martyr guerrier, chargé, paraît-il par le Bon Dieu, de solliciter les faveurs pressantes. Aussi est-il appelé saint *Expédit*. Il ne laisse pas languir les demandes ; et son culte très répandu à Paris et dans plusieurs autres villes, ne tardera pas à l'être à Dijon.

On peut lui faire des neuvaines, faire brûler des lampes et des cierges devant sa statue ou déposer une aumône en son honneur dans le tronc qui lui est affecté.

www.ingramcontent.com/pod-product-compliance
Lightning Source LLC
LaVergne TN
LVHW022210080426
835511LV00008B/1682